BCM 유아교회 설교집

말씀 쏙쏙

이순희 편

사랑마루
SARANGMARU

BCM 유아교회 설교집

말씀 쏙쏙

편　저 _ 이순희
집　필 _ BCM 설교제작팀
　　　　강지희, 신은선, 심혜란, 왕정욱,
　　　　이선미, 채진주, 최경선, 최민지
펴 낸 날 _ 2014년 10월 30일
펴 낸 이 _ 김진호
편 집 인 _ 유윤종
책임편집 _ 강신덕
기획편집 _ 박지훈 강영아
디 자 인 _ 권미경 오인표
일러스트 _ 지영미 (인포처치)
마 케 팅 _ 강형규 전영욱
경영지원 _ 조미정 박주영 신문섭

펴 낸 곳 _ 도서출판 사랑마루
　　　　서울시 강남구 테헤란로 64길 17(대치동) 7층
전　화 _ 02)3459-1051~2
팩　스 _ 02)3459-1070
홈페이지 _ www.eholynet.org, www.ibcm.kr
등　록 _ 2011년 1월 17일 제2011-000013호
I S B N _ 979-11-952714-6-7 93230
가　격 15,000원

BCM 유아교회 설교집

말씀 쏙쏙

이순희 편

사랑마루
SARANGMARU

BCM 유아교회 설교집

「말씀 쏙쏙」 활용 가이드

1. 「말씀 쏙쏙」은 BCM 교육목회 사역이 더욱 은혜롭도록 돕기 위해 개발 출판된 유아교회용 설교 자료집입니다.

2. 이 책은 BCM 유아교회(유아, 유치부) 교역자 혹은 교사들이 예배 설교용으로 활용할 수 있도록 개발되었습니다.

3. 이 책은 한 해 동안의 설교일정 가운데 매월 두 편의 설교와 주요 절기 설교를 담았으며, 각 설교의 주제를 표기하여 활용도를 높였습니다.

4. 이 책은 각 설교편을 뜯어내어 강단에서 활용 가능한 설교안으로 만들었으며, 각 설교를 실제로 활용한 후 설교자가 자신만의 설교 바인더에 보관할 수 있도록 제작되었습니다.

5. BCM 교육목회는 한국교회 유아 및 유치부 설교자들의 영적 소명과 자질과 능력을 함양하도록 하기 위해 주기적으로 'BCM 설교 세미나'를 개최할 예정입니다.

유아교회 설교자는 다음의 안내를 따라 본 설교집을 활용할 수 있습니다.

1단계 도서출판 사랑마루가 제작, 시중에서 보급하는 「BCM 교사 플래너」를 구입하여 BCM 유아교회 교육목회 사역과 소그룹 반목회 사역을 충실하게 이해합니다.

2단계 특별히 「BCM 교사플래너」가 매월 기획 제공하는 'BCM 예배'의 절차와 방법을 따라 유아교회 예배를 기획 실행합니다.

3단계 매달 제시되는 'BCM 예배' 가운데 두 주치는 'http://www.iBCM.kr'에서 제공하는 설교교안과 자료를 활용하여 그 달의 교육개념과 방향에 맞는 설교를 시행합니다.

4단계 위 3단계에서 활용하는 두 주치의 설교 외에 나머지 두 주의 설교는 본 설교집이 제공하는 설교안과 자료를 따라 설교를 시행합니다.

5단계 본 설교집의 설교안을 위한 PPT와 동영상 자료는 'http://bcm.infochurch.net/BCM설교-말씀쏙쏙'에서 다운로드하여 사용할 수 있습니다.

6단계 절취하여 사용한 설교안은 위 'BCM설교-말씀쏙쏙'에서 다운로드한 자료와 그리고 별도의 자료들과 더불어 개인 설교 바인더에 보관하시면 더욱 좋습니다.

7단계 수시로 'http://www.iBCM.kr'이나 'http://bcm.infochurch.net'에 방문, BCM 사역 및 설교 관련 세미나 개최여부를 확인하여 스스로의 설교 능력과 기술을 함양하는 기회를 갖습니다.

BCM 유아교회 설교집

목 차 contents

1월

부르시면 대답해요 (사무엘상 3장 4~10절) ································ 9

예수님이 그리스도이심을 고백해요 (마태복음 16장 13~16절) ······ 13

2월

말씀을 기억해요 (신명기 6장 6~9절) ································ 17

매일매일 기도해요 (다니엘 6장 10절) ································ 21

3월

친구가 되어 줄래요 (사도행전 9장 26~27절) ···················· 25

우리는 좋은 친구예요 (마가복음 2장 1~5절) ···················· 29

4월

예수님 안에서 우리는 하나예요 (마가복음 3장 13~19절상) ········ 33

그 중에 제일은 사랑예요 (고린도전서 13장 13절) ···················· 37

5월

부모님께 순종해요 (에베소서 6장 1~3절) ························ 41

형제를 용서해요 (창세기 45장 3~5절) ·························· 45

6월

교회를 세워요 (빌립보서 4장 14~20절) ·························· 49

성령의 은사로 교회를 도와요 (고린도전서 12장 4~11절) ············ 53

7월

예수님 손을 닦아요 (마태복음 8장 3절) ················· 57

믿음으로 부탁해요 (마태복음 8장 5~13절) ················· 61

8월

말씀대로 살아요 (마태복음 7장 24~27절) ················· 65

이삭처럼 양보해요 (창세기 26장 22절) ················· 69

9월

선한 말을 해요 (에베소서 4장 29절) ················· 73

충성된 종이 될래요 (에베소서 4장 29절) ················· 77

10월

우리는 반대해요 (로마서 12장 15절) ················· 81

우상을 무너뜨려요 (열왕기하 23장 24~25절) ················· 85

11월

복음을 전해요 (사도행전 10장 30~35절) ················· 89

놀라운 변화가 일어나요 (다니엘 3장 26~30절) ················· 93

12월

한마음으로 살아요 (전도서 4장 9~12절) ················· 97

아름다운 마음들이 모였어요 (사도행전 2장 43~47절) ················· 101

절기

종려주일 십자가를 준비해요 (마태복음 21장 6~11절) ················· 105

부활절 나는 부활을 증언해요! (누가복음 24장 1~9절) ················· 109

추수감사절 없어도 감사해요! (하박국 3장 16~18절) ················· 113

성탄절 아기 예수님을 환영해요! (누가복음 2장 1~12절) ················· 117

부르시면 대답해요

말씀 : 사무엘상 3장 4~10절

여호와께서 사무엘을 부르시는지라 그가 대답하되 내가 여기 있나이다 하고
엘리에게로 달려가서 이르되 당신이 나를 부르셨기로 내가 여기 있나이다 하니
그가 이르되 나는 부르지 아니하였으니 다시 누우라 하는지라 그가 가서 누웠더니
여호와께서 다시 사무엘을 부르시는지라 사무엘이 일어나 엘리에게로 가서
이르되 당신이 나를 부르셨기로 내가 여기 있나이다 하니 그가 대답하되
내 아들아 내가 부르지 아니하였으니 다시 누우라 하니라 사무엘이 아직 여호와를
알지 못하고 여호와의 말씀도 아직 그에게 나타나지 아니한 때라 여호와께서
세 번째 사무엘을 부르시는지라 그가 일어나 엘리에게로 가서 이르되 당신이 나를
부르셨기로 내가 여기 있나이다 하니 엘리가 여호와께서 이 아이를 부르신 줄을
깨닫고 엘리가 사무엘에게 이르되 가서 누웠다가 그가 너를 부르시거든 네가
말하기를 여호와여 말씀하옵소서 주의 종이 듣겠나이다 하라 하니 이에 사무엘이
가서 자기 처소에 누우니라 여호와께서 임하여 서서 전과 같이 사무엘아 사무엘아
부르시는지라 사무엘이 이르되 말씀하옵소서 주의 종이 듣겠나이다 하니

사무엘은 어렸을 때부터 성전에서 자랐어요. 사무엘은 엘리 제사장을 도왔어요. 사무엘은 하나님의 성전에서 무엇이든지 돕는 것을 좋아했어요. 사무엘은 항상 엘리 제사장과 함께 예배드릴 준비를 했어요. 하나님께 예배드리기 위해서는 많은 준비를 해야 했어요. 성전을 깨끗하게 청소했어요. 또 사무엘은 엘리 제사장에게 하나님 말씀을 듣고 배우는 것을 좋아했어요. 엘리 제사장이 말씀을 들려주실 때는 귀를 쫑긋하고 말씀에 귀 기울였어요. 그리고 하나님 말씀대로 하려고 노력했어요. 사무엘은 하나님을 사랑하는 아이로 자랐어요.

어느 날 밤, 사무엘을 부르는 소리가 들렸어요. "사무엘아~ 사무엘아!" 사무엘은 벌떡 일어나 엘리 제사장에게 뛰어갔어요. "네, 제사장님 저 여기 있어요. 무엇을 도와드릴까요?" 엘리 제사장이 깜짝 놀라며 말했어요. "어? 난 너를 부른 적이 없단다. 졸릴 텐데 어서 들어가 자거라." 사무엘은 다시 잠이 들었어요. 그런데 또 사무엘을 부르는 소리가 들리는 거에요. 그래서 다시 일어나서 엘리 제사장에게 갔어요. 하지만 이번에도 엘리 제사장이 부른 것이 아니었어요. 사무엘은 분명히 자신을 부르는 소리를 들었는데 이상했어요. 조금 있다가 세 번째 사무엘을 부르는 소리가 들렸어요. 사무엘은 또다시 엘리 제사장에게 달려갔어요. 하지만 이번에도 엘리 제사장이 부른 게 아니었어요. 사무엘은 분명 "사무엘아!" 부르는 소리를 들었어요. 그런데 엘리 제사장이 부른 게 아니라면 도대체 누가 사무엘을 부른 걸까요? 그때, 엘리 제사장이 번뜩 생각이 났어요. "사무엘아! 하나님이 널 부르시는 것 같구나. 다음번에는 '예, 하나님 듣고 있어요'라고 말하렴."

사무엘은 다시 자기 방으로 돌아갔어요. "사무엘아! 사무엘아!" 부르는 소리가 또 다시 들렸어요. 사무엘은 얼른 일어나서 무릎을 꿇었어요. 그리고 이렇게 대답했어요. "네~ 하나님, 저 여기 있어요. 하나님 말씀 듣고 있어요." 사무엘은 하나님 말씀을 잘 듣는 어린이로 자라났어요. 하나님은 말씀에 귀 기울이는 사무엘을 기뻐하셨어요. 그래서 사무엘을 백성들에게 하나님 말씀을 전하는 선지자로 세워 주셨어요.

유아교회 친구들, 사무엘이 성전에서 자랐듯이 우리 친구들은 교회에서 자라고 있어요. 우리 친구들은 교회에서 무엇을 하지요?(찬양해요. 예배해요. 기도해요!) 그래요. 우리 친구들도 유아교회에서 하나님을 예배하고 하나님을 찬양하며 자라고 있어요. 또 두 손을 모으고 마음을 다해 하나님께 기도도 하지요. 또 전도사님 말씀에 귀를 쫑긋 세우고 하나님 말씀을 듣고 배우며 자라고 있지요? 우리 유아교회 친구들도 사무엘처럼 날마다 하나님을 사랑하는 아이로 자라고 있어요.

사랑하는 유아교회 친구들, 이런 우리 친구들에게 하나님이 말씀하신대요. 사무엘에게 "사무엘아!" 하고 말씀하셨던 것처럼 "사랑하는 성결아!" "사랑하는 대찬아!" 이렇게 우리 친구들을 부르신대요. 유아교회 친구들! 하나님께서 우리 친구들에게 말씀하시면 어떻게 해야 할까요?(하나님께 대답해요.) 그래요. 우리 친구들 모두 잘 알고 있군요. 하나님이 우리 친구들에게 말씀하시면 우리 친구들 모두 사무엘처럼 "네, 하나님! 저 여기 있어요. 하나님 말씀 듣고 있어요."라고 대답해야 해요.

사랑하는 유아교회 친구들! 하나님이 말씀하실 때 사무엘처럼 대답할 준비 되었나요?(네) 다 함께 연습해 볼게요. "네, 하나님! 저 여기 있어요!"("네, 하나님! 저 여기 있어요!") "하나님 말씀 잘 듣고 있어요."("하나님 말씀 잘 듣고 있어요.") 참 잘 대답했어요.

한 해를 시작하는 첫 달, 하나님 말씀에 멋지게 대답하는 유아교회 친구들이 된 것을 축하해요. 오늘 이 시간만 하나님께 대답하는 것이 아니라 매 주일, 아니 매일 하나님의 말씀에 "네, 하나님! 저 여기 있어요. 하나님 말씀 잘 듣고 있어요."라고 대답할 수 있는 친구들만 크게 "네, 하나님!"이라고 대답해 보아요. ("네, 하나님!") 어린 사무엘이 하나님의 말씀에 대답했던 것처럼, 올 한 해 동안 하나님의 말씀에 멋지게 대답하고 멋지게 자라는 유아교회 친구들 되기를 기도해요.

결단의 기도

우리의 이름을 부르시는 하나님, 감사합니다. 우리에게 말씀하시는 하나님, 감사합니다. 하나님께서 우리 이름을 부르실 때 "네, 하나님!" 하고 대답하고 싶어요. 하나님께서 말씀하실 때 "하나님, 말씀하세요. 제가 잘 듣고 있어요."라고 대답하고 싶어요. 우리 모두 하나님 말씀에 귀 기울이는 아이로 자라게 해 주세요. 그래서 날마다 하나님의 말씀에 멋지게 대답하는 멋진 어린이로 자라나게 해 주세요. 예수님의 이름으로 기도 드립니다. 아멘.

MEMO

예수님이 그리스도이심을 고백해요

말씀 : 마태복음 16장 13~16절

예수께서 빌립보 가이사랴 지방에 이르러 제자들에게 물어 이르시되
사람들이 인자를 누구라 하느냐 이르되 더러는 세례 요한 더러는 엘리야
어떤 이는 예레미야나 선지자 중의 하나라 하나이다 이르시되
너희는 나를 누구라 하느냐 시몬 베드로가 대답하여 이르되
주는 그리스도시요 살아 계신 하나님의 아들이시니이다

"사람들이 나를 누구라고 말하느냐?" 예수님께서 제자들에게 물으셨어요. 예수님께서는 3년동안 제자들과 함께 여기저기 다니시면서 멋진 일들을 하셨지요. 앞을 보지 못하는 사람이 예수님께로 오면 예수님께서 눈을 고쳐주셔서 앞을 보게 하셨고요, 물고기 두 마리와 떡 다섯 덩어리로 오천 명이라는 많은 사람들을 배불리 먹여주시고도 음식이 남는 기적도 베푸셨어요. 무엇보다 예수님은 하나님께서 주신 힘으로 성경 박사들과 성경을 모르는 자들에게 멋지게 말씀을 가르치셨어요. 제자들은 자신들이 이렇게 멋진 예수님의 제자라는 것이 매우 자랑스러웠어요. 제자들이 신이 나서 큰소리로 예수님께 대답했어요. "어떤 사람은 예수님이 세례 요한이래요.", "어떤 사람은 예수님이 엘리야래요.", "어떤 사람은 예수님이 예레미야래요."

"그렇다면, 너희들은 나를 누구라고 생각하느냐?" 예수님께서 제자들에게 물으셨어요. 예수님께서는 12명의 제자들과 항상 함께 계셨어요. 하지만 이제 제자들의 곁을 떠나셔야 해요. 왜냐하면 예수님께는 가장 어렵고 큰 사역이 남아 있기 때문이에요. 바로 우리의 죄를 용서해 주시기 위해 십자가에서 죽으셔야 해요. 예수님께서는 제자들이 십자가의 죽음을 믿고 받아들일 수 있는지 궁금하셨어요. "너희들은 나를 누구라고 생각하느냐?" 예수님께서 제자들에게 다시 물으셨어요. 그런데 좀 전에는 서로 먼저 대답하려고 했던 제자들이 조용해졌어요. 제자들 모두 생각에 잠겼어요. '예수님께서는 정말 누구실까? 성경을 가르치는 선생님이신가? 병을 고치시는 의사이신가? 세례 요한, 엘리야, 예레미야 같은 선지자이신가? 선지자들 보다는 더 멋진 분 같은데, 누구시지?' 제자들은 예수님과 함께한 시간을 떠올리면서 예수님이 어떤 분이신지 생각하고 또 생각했어요.

그 때, 갑자기 베드로가 벌떡 일어나 큰소리로 대답했어요. "예수님! 예수님께서는 그리스도시고, 살아 계신 하나님의 아들이십니다." 베드로는 예수님을 선생님이라고, 의사라고, 선지자라고만 생각하지 않았어요. 그래서 사람들이 말하는 대로 대답하지 않고, 그리스도이시고 살아 계신 하나님의 아들이라고 고백했어요. 베드로가 예수님을 그리스도라고 말한 것은 "예수님께서는 우리를 구원해 주시는 분입니다."라고 말한 것이에요. 베드로는 예수님만이 우리의 죄를 용서해 주시고 우리를 구원해 주시는 분인 것을 믿고 고백한 것이지요. 예수님께서는 베드로의 대답을 듣고 크게 기뻐하셨어요. 베드로가 예수님에 대해 제대로 알고 고백했기 때문에 예수님께서 기뻐하신 거예요. "베드로야, 잘 대답했구나. 네가 그렇게 생각하고 알게 해주신 분은 바로, 하나님이시란다!"

우리 친구들은 예수님을 누구라고 생각하나요? 어려울 때 나타나서 도와주는 번개맨 같은 분이신가요? 아니면 전도사님처럼 말씀을 알려주시는 분이신가요? 아니면 병을 고치시는 의사신가요?(유아들의 대답을 듣는다) 맞아요! 우리 유아들은 잘 알고 있군요. 예수님은 베드로가 고백했던 것처럼 그리스도이시고, 살아계신 하나님의 아들이셔요. 사랑하는 유아교회 친구들! 친구들도 예수님께서 우리 죄를 용서하시고 우리를 구원해주신 분이라는 걸 믿나요?(네) 그렇다면 예수님께서 베드로의 고백을 듣고 기뻐하셨던 것처럼, 오늘 우리 친구들의 고백도 기뻐하셔요. 왜냐하면 이 고백을 하는 사람마다 구원 받고 하나님의 자녀가 되기 때문이에요.

예수님은 오늘 우리 유아교회 친구들의 고백을 기다리고 계세요. "예수님, 예수님께서는 그리스도이세요!", "저는 예수님께서 저의 구원자이신 것을 믿어요."라고 말할 수 있는 친구는 두 손을 번쩍 들어보세요. 와~ 우리 유아교회 모든 친구들이 이 고백을 할 수 있군요. 그럼 번쩍 든 두 손을 입에 대고 전도사님을 따라 고백해요. "예수님, 예수님께서는 그리스도이세요!"("예수님, 예수님께서는 그리스도이세요!") "예수님께서 나의 죄를 용서해 주시고"("예수님께서 나의 죄를 용서해 주시고") "나를 구원해 주신 것을 믿어요!"("나를 구원해 주신 것을 믿어요!") 우와~ 예수님께서 베드로의 고백을 듣고 기뻐하셨던 것처럼, 예수님께서 오늘 우리 친구들의 고백을 듣고 정말 기뻐하실 거예요.

예수님께서 그리스도이심을 힘차게 고백한 유아교회 친구들, 사랑하고 축복해요! 기도할 때마다 "예수님은 그리스도세요.", 친구랑 부모님께, 아니면 누군가에게 예수님을 소개할 때마다 "예수님께서 나의 죄를 용서해 주시고, 나를 구원해 주셨어요!"라고 고백하는 친구들이 되길 기도해요. 고백할 수 있는 친구들만 크게 "아멘!" 하고 대답해요.("아멘!") 오늘 이 시간뿐 아니라 날마다 예수님을 그리스도로 고백하는 사랑하는 유아교회 친구들 되기를 함께 기도해요.

결단의 기도

하나님 아버지 감사합니다. 예수님께서 그리스도시라는 것을 알게 해 주셔서 감사합니다. 예수님께서 우리들의 죄를 용서하시고 우리를 구원해 주신 것을 믿고 고백하게 해 주셔서 감사합니다. 우리 친구들 모두가 매일매일 예수님을 그리스도로 고백하며 자라게 해 주세요. 그래서 매일매일 하나님의 자녀로 살게 해 주세요. 예수님의 이름으로 기도 드립니다. 아멘.

MEMO

말씀을 기억해요

말씀 : 신명기 6장 6~9절

오늘 내가 네게 명하는 이 말씀을 너는 마음에 새기고 네 자녀에게 부지런히
가르치며 집에 앉았을 때에든지 길을 갈 때에든지 누워 있을 때에든지 일어날
때에든지 이 말씀을 강론할 것이며 너는 또 그것을 네 손목에 매어 기호를
삼으며 네 미간에 붙여 표로 삼고 또 네 집 문설주와 바깥 문에 기록할지니라

유아교회 친구들, 전도사님을 따라 해 보세요. "쉐마교육"("쉐마교육") 쉐마교육? 우리 친구들은 잘 모르는 말이지요? 쉐마교육이란 이스라엘 사람들이 그 자녀들에게 하나님 말씀을 가르치는 것을 말해요. 이스라엘 사람들은 과연 어떻게 말씀을 가르치고 배웠을까요?

첫 번째, 따라 하세요. "부모님이 성경을 읽어주어요."("부모님이 성경을 읽어주어요.") 이스라엘 사람들은 아기가 태어나면 다른 무엇보다 가장 먼저 성경 말씀을 들려줬어요. 그리고 매일매일 아기에게 성경 말씀을 읽어주었어요. 잠자리에 들기 전에도 성경 말씀을 읽어 주고, 하루를 시작하는 아침에도 성경 말씀을 들려주었어요. 집에서만 성경말씀을 읽어주었을까요?(아니요) 그래요. 이스라엘 사람들은 자녀들과 함께 길을 걸어갈 때도 성경 말씀을 들려주었대요. 이렇게 이스라엘 아이들은 어른이 될 때까지 매일매일 부모님께 성경 말씀을 듣고 배웠어요. 그래서 매일매일 성경 말씀을 읽고 듣는 어른으로 자라게 되었어요.

두 번째, 따라 하세요. "자녀의 손과 이마에 성경 말씀을 붙여주어요."("자녀의 손과 이마에 성경 말씀을 붙여주어요.") 어~, 어떻게 손과 이마에 성경 말씀을 붙였을까요? 옛날엔 스티커도 없었을 텐데 말예요. 이스라엘 사람들은 조그만 상자에 말씀을 넣고 그 상자를 손과 이마에 매달았대요. (테필린(성구함)을 매단 사진을 보여 주면서) 바로 이렇게 말이에요. 조금 이상하죠? 하지만 이스라엘 사람들은 하나님의 말씀을 가까이 간직하고 싶었어요. 그래서 성경 말씀을 적어서 손과 이마에 매달고 다닌 거에요. 길을 걸어가다가도 성경 말씀을 읽고 싶으면 손과 이마에 매달아 놓은 말씀을 꺼내 읽었어요. 이스라엘 사람들은 하나님의 말씀을 항상 가까이에 놓고 읽어서 말씀을 잘 기억했어요.

세 번째, 따라 하세요. "성경 말씀을 집에 매달고 항상 기억해요."("성경 말씀을 집에 매달고 항상 기억해요.") 이스라엘 사람들은 집 문 앞에 작은 상자를 매달았어요. 그리고 성경 말씀을 적어서 그 상자 안에 넣어 놓았어요. 왜 그렇게 했을까요? 성경 말씀을 문 앞에 매달아 놓으면 언제나 쉽게 하나님의 말씀을 기억할 수 있었어요. 집을 나가고 들어올 때마다 하나님의 말씀을 꺼내 읽었기 때문이에요. 말씀 상자는 우리 가족들이 모두 하나님의 말씀을 잘 기억하고 지키는 사람들이 되겠다는 뜻이었어요.

우리 유아교회 친구들도 열심히 성경 말씀을 듣고 배우고 있나요?(네) 그래요. 유아교회 친구들도 성경 말씀을 잘 듣고 배우고 있어요. 우리 친구들에겐 누가 말씀을 들려주지요?(대답을 듣고) 그래요. 집에서는 아빠, 엄마가 재미있는 성경 이야기를 들려주세요. 또 교회에 오면 목사님(전도사님), 선생님께서 매 주일 성경 말씀을 가르쳐 주세요. 와~ 정말 많은 어른들이 성경 말씀을 들려주고 있어요. 그런데 우리 친구들, 듣고 배운 성경 말씀을 잘 기억하고 있나요? 지난주에 전도사님이 들려준 성경 말씀이 무엇이었지요?(대답을 듣고) 그래요. 성경 말씀을 기억하고 있는 친구도 있고, 기억하지 못하는 친구도 있네요.

그런데 유아교회 친구들! 하나님께서 이스라엘 사람들에게 말씀하셨어요. "너희들은 항상 하나님의 말씀을 기억해라. 그리고 지켜라. 그리하면 복을 받을 것이다." 하나님께서 지금 우리에게도 똑같이 말씀하세요. "유아교회 친구들아! 성경 말씀을 잘 배워서 기억하렴. 그리고 지키렴. 그러면 축복을 받는단다."

사랑하는 유아교회 친구들! 이스라엘 사람들은 하나님의 말씀을 잘 기억하고 지키기 위해서 열심히 노력했어요. 아기 때부터 열심히 하나님의 말씀을 듣고 기억했어요. 손목과 이마에 말씀을 매달고 다니면서 기억했어요. 문에 말씀을 적어서 기억했어요. 그리고 성경 말씀을 지켰어요.

"저는 말씀을 잘 듣고, 열심히 배울 거예요." 하는 친구는 크게 "아멘" 하고 대답해요.(아멘) "듣고 배운 말씀을 꼭 기억하겠어요." 하는 친구는 크게 "아멘" 하고 대답해요.(아멘) "기억한 말씀을 지키겠어요." 하는 친구는 크게 "아멘, 아멘" 하고 대답해요.(아멘, 아멘) 말씀을 열심히 듣고 기억하며 지키는 사람을 축복하신다고 하나님께서 약속하셨어요. 날마다 하나님께 축복 받는 유아교회 친구들 되기를 기도해요.

결단의 기도

우리를 축복하기 원하시는 하나님, 감사합니다. 우리에게 말씀을 들려주시고 가르쳐 주시는 부모님, 전도사님, 선생님을 주셔서 감사해요. 하나님, 저는 말씀을 기억하고 싶어요. 또 기억한 말씀을 잘 지키고 싶어요. 제가 말씀을 기억하고 지킬 수 있게 힘 주세요. 날마다 말씀대로 자라게 해주세요. 예수님의 이름으로 기도 드립니다. 아멘.

● 준비물: 테필린(Tefilin, 말씀함)을 머리와 팔뚝에 찬 그림
　　　　　메주자(Mezuza, 문설주에 매단 말씀) 그림

MEMO

매일매일 기도해요

말씀 : 다니엘 6장 10절

다니엘이 이 조서에 왕의 도장이 찍힌 것을 알고도 자기 집에 돌아가서는
윗방에 올라가 예루살렘으로 향한 창문을 열고 전에 하던 대로
하루 세 번씩 무릎을 꿇고 기도하며 그의 하나님께 감사하였더라

바벨론이라는 나라가 이스라엘을 점령했어요. 그래서 이스라엘에 살던 다니엘이 바벨론 나라의 포로로 잡혀갔어요. 그곳은 하나님을 모르는 나라였어요. 다니엘은 어떻게 살고 있을까요?

똑딱똑딱 똑딱똑딱(시계를 7시로 맞추고)땡~땡~땡~ (다니엘 목소리로) "음, 시간이 되었군." 어어? 다니엘 아저씨가 무엇을 하시려는 걸까요? (준비된 방석 위에 앉으며, 다니엘 목소리로) "교회가 이쪽에 있으니 이쪽으로 앉아야겠군. 하나님, 우리나라를 지켜주세요. 우리나라 백성들이 하나님의 말씀에 순종하도록 도와주세요." 아~, 다니엘 아저씨는 기도를 하는군요.

똑딱똑딱 똑딱똑딱(시계를 2시로 맞추고)땡~땡~땡~ (다니엘 목소리로) "음, 시간이 되었군."

어어? 다니엘 아저씨가 또 무엇을 하시려는 걸까요? 설마 이번에도 기도를 하시려는 것은 아니겠죠?(교회방향으로 방석을 놓은 후, 자리에 앉으며, 다니엘 목소리로) "하나님, 저희 가족과 친구들을 건강하게 지켜주세요. 몸과 마음이 건강하게 도와주세요."

똑딱똑딱! 유아교회 친구들, 우리 함께 시계소리를 내어 볼까요? 똑딱똑딱 똑딱똑딱 (시계를 9시로 맞추고)땡~땡~땡~ (다니엘 목소리로) "음, 시간이 되었군." 설마 이번에도 기도하시는 것은 아닐 거예요. 그렇죠?(아니요) 그럼 기도하시러 가는 걸까요?(교회방향으로 방석을 놓은 후, 자리에 앉으며, 다니엘 목소리로) "하나님, 오늘 하루도 지켜주셔서 감사드립니다. 꿈속에서도 하나님 만나도록 도와주세요. 하나님, 정말 정말 사랑해요."

유아교회 친구들, 이제 다니엘 아저씨가 하루에 세 번 무엇을 하시는지 알았나요?(네) 그
래요. 바로 '기도'예요. 다니엘 아저씨는 매일매일 하루에 세 번씩 무릎을 꿇고 하나님께 기
도했어요. 아침에도 하나님께 기도했어요. 점심에도 하나님께 기도했어요. 저녁에도 하나
님께 기도했어요. 아무리 바쁜 일이 있어도 기도하는 것을 잊지 않았어요. 이렇게 매일매
일 기도를 하면서 다니엘 아저씨는 하나님을 만났어요. 하나님께서는 그런 다니엘 아저씨
를 무척 사랑하셨어요. 하나님은 다니엘 아저씨의 기도를 들으시고 용기도 주시고 몸도 마
음도 건강하게 해주셨어요. 또 다니엘 아저씨가 어려움을 겪을 때마다 지켜주셨답니다.

우리 친구들은 하나님께 매일매일 기도 드리고 있나요?(네) 그럼 하루 중 언제, 몇 번이
나 기도 드리나요?(대답을 듣고) 그래요. 우리 유아교회 친구들은 아침, 점심, 저녁밥을 먹
을 때 기도하는 친구들이 가장 많네요. 그러면 아침에 일어나서 기도하는 친구, 손 위로!
어, 기도하는 멋진 친구도 있지만, 기도하지 못하는 친구들이 더 많네요. 그러면 어린이집
에서 집에 왔을 때 기도하는 친구, 손 위로! 어, 기도하는 친구가 한 명도 없구나! 그럼 잠
자기 전에 기도하는 친구는 있을까요? 와, 잠자기 전에는 기도하는 친구들이 많이 있군요.
유아교회 친구들, 기도는 하나님께 우리의 이야기를 하고 하나님의 대답을 듣는 시간이
에요. 기도는 우리가 하나님과 만나고 친해지는 시간이에요. 그래서 기도를 안 하면 하나
님을 만날 수 없고, 하나님의 자녀로 튼튼하게 자랄 수 없어요. 하나님을 섬기고 예수님을
믿는 어린이들은 하나님께 매일 기도해야 돼요. 하나님께서 우리 친구들이 기도하는 그 시
간을 정말 기뻐하신답니다. 그리고 우리 친구들의 기도를 들어주시고 어려운 일이 있을 때
도와주세요. 또 우리 친구들 마음이 슬플 때 하나님께서 "괜찮아." 하고 토닥토닥 위로해
주시니까요.

사랑하는 유아교회 친구들, 다니엘 아저씨가 매일매일 하루에 3번씩 무엇을 했나요?(기
도했어요). 맞아요. 다니엘 아저씨는 매일매일 기도했어요. 그러면 유아교회 친구들도 어
떻게 해야 할까요?(기도해야 해요.) 맞아요. 유아교회 친구들도 매일매일 기도해야 해요.
아침에 일어나서 "하나님, 오늘 하루도 함께해 주세요." 하고 기도해야 돼요. 친구들과 놀
고 나서도 "하나님, 친구들과 잘 놀게 해주셔서 감사해요." 하고 기도해야 해요. 저녁에 잠
자기 전 "하나님, 오늘 밤에도 저를 지켜주세요." 하고 하나님께 기도해야 해요. 우리 유아

교회 친구들, 잘할 수 있을까요?(네) 놀다가, 블록놀이 하다가. TV 보다가 기도하는 것을 잊지 않고, 모두 기도할 수 있을까요?(네) 매일매일 잊지 않고 기도하는 우리 유아교회 친구들이 되길 바라요!

결단의 기도

우리의 기도를 들으시는 하나님, 감사합니다. 우리의 기도를 기뻐하시는 하나님, 감사합니다. 매일매일 세 번씩 기도한 다니엘 아저씨처럼 유아교회 친구들도 매일매일 기도하고 싶어요. 하나님, 유아교회 친구들 모두 놀다가, 블록놀이 하다가, TV 보다가 기도하는 것을 잊지 않게 해 주세요. 매일매일 기도하며 하나님을 만나게 해 주세요. 매일매일 기도하며 하나님의 자녀로 쑥쑥 자라게 해 주세요. 예수님의 이름으로 기도 드립니다. 아멘.

● 준비물: 시곗바늘이 움직이는 모형시계, 방석

MEMO

친구가 되어줄래요

말씀 : 사도행전 9장 26~27절

사울이 예루살렘에 가서 제자들을 사귀고자 하나 다 두려워하여
그가 제자 됨을 믿지 아니하니 바나바가 데리고 사도들에게 가서
그가 길에서 어떻게 주를 보았는 지와 주께서 그에게 말씀하신 일과
다메섹에서 그가 어떻게 예수의 이름으로 담대히 말하였는지를 전하니라

바울이 제자들과 예수님을 믿는 사람들에게 찾아갔어요. "그동안 괴롭혀서 미안해요. 이제 저는 예수님을 믿어요. 나와 함께 예배드리고 전도합시다!" 하지만 제자들과 사람들은 바울의 이야기를 믿을 수 없었어요. 왜냐하면 전에는 바울이 예수님을 믿지 않았었거든요. 그뿐 아니라 예수님을 믿는 사람들을 괴롭히고 감옥에 가두는 일도 했었거든요. "예수? 예수는 나쁜 거짓말쟁이야! 예수가 무슨 하나님의 아들이라고! 예수님을 믿는 너희들을 가만히 두지 않겠어!" "앗! 저기 바울이다! 아이고 무서워라! 바울은 너무너무 무섭고 못된 사람이야!" 예수님을 믿는 사람들과 제자들은 바울을 피하고 싫어했어요. 그런데 갑자기 바울이 제자들을 찾아와서 예수님을 믿는다고 하니 어떻게 믿을 수가 있겠어요. "정말 바울이 예수님을 믿기로 한 걸까? 혹시 우리를 괴롭히려고 거짓말하는 거 아닐까? 바울이 무서워. 바울이랑 친해지기 싫어." 제자들은 바울을 용서해주고 싶지 않았어요. 함께 지내기도 싫었어요. 바울과 친구가 되기는 더 싫었어요.

바울은 마음이 아팠어요. 하지만 그동안 제자들을 괴롭혔던 자신의 모습을 생각하면 아무 말도 할 수가 없었어요. 그때 바나바가 바울의 편이 되어 주었어요. "여러분, 바울은 정말 예수님을 믿기로 했어요. 우리 함께 바울과 친하게 지냅시다. 바울은 거짓말쟁이가 아니에요. 바울은 정말 좋은 제자가 되었어요. 저는 바울이 참 좋아요! 우리 같이 친구해요!" 바울은 바나바가 자기편을 들어줘서 정말 좋았어요. 바나바는 제일 먼저 바울의 친구가 되어 주었어요. 바울은 바나바가 친구가 되어주어서 정말 기뻤어요.

바나바의 말을 듣고 제자들과 사람들이 바울을 용서해 주었어요. 바울과 제자들은 서로 화해했어요. 제자들과 사람들은 이제 바울을 믿기로 했어요. "좋아요, 바울! 이제부터 친하게 지내요. 항상 함께 예배드리고 전도합시다. 맛있는 음식도 같이 먹고, 물건도 나눠 쓰기로 해요." 제자들과 바나바와 바울은 모두 함께 친한 친구가 되었어요. 매일매일 함께 모여서 기도하고 찬양하고 예배드렸어요. 맛있는 음식을 아낌없이 나눠 먹었어요. 필요한 물건을 서로 나눠 쓰며 사랑했어요. 바울은 정말 행복했어요. "예수님을 믿는 친구들이 모두 함께 친해지니까 정말 좋아! 우리 모두 사랑하는 친구가 되니 정말 행복해!" 바울은 그 이후로 더욱 열심히 전도하고, 더욱 열심히 예배드리게 되었어요. 친구들과 함께 전도하니까 정말 신났어요. 친구들과 함께 예배드리니까 정말 좋았어요.

유아교회 친구들, 우리 친구들은 어때요? 혹시 전도사님 모르게 다투고 아직도 화해하지 않은 친구들이 있나요?(아니요) 그래요. 전도사님이 보니까 지금 유아교회에서 다투고 삐쳐서 "쟤랑 친구 안 할래요!" 하는 친구는 없는 것 같아요. 그러면 혹시 유아교회에 처음 와서 아직 친구가 없었을 때가 기억나나요? 그때 제일 먼저 친구가 되어준 친구는 누군가요? 유아교회 친구들, 오늘 이 시간에도 "엄마랑 떨어지기 싫어요. 유아교회에 친구가 없어요." 하는 친구가 있대요. 어떻게 해야 할까요?(친구가 되어줘요.) 그래요. 먼저 인사도 하고, "나랑 놀래?" 하고 말도 걸어줘야 해요. 그러면 유아교회에 처음 와서 어색하고 쑥스러운 친구 마음이 어떨까요?(좋아요.) 네! 정말 좋을 거예요. '어, 나한테 먼저 말을 걸어주네. 친하게 지낼 수 있겠다. 유아교회 정말 좋다.' 하고 생각할 거예요. 그러면 엄마랑 떨어져도 씩씩하게 유아교회에 올 수 있을까요?(네) 유아교회에 와서 모두 함께 신나게 찬양할 수 있을까요?(네) 유아교회에서 즐겁게 예배할 수 있을까요?(네)

사랑하는 유아교회 친구들! 바울도 처음에는 친구가 없었어요. 하지만 제일 먼저 친구가 되어준 바나바 때문에 다른 제자들과 친구가 될 수 있었어요. 그래서 바울과 바나바, 제자들은 함께 예배드리고 더 열심히 전도할 수 있었어요. 우리 유아교회 친구들도 유아교회에 처음 나온 친구들에게 먼저 친구가 되어주어요. 그러면 우리들도 바울과 바나바, 제자들처럼 모두가 함께 예배드릴 수 있어요. 유아친구들 모두가 더 열심히 전도할 수 있어요.

사랑하는 유아교회 친구들! 유아교회에 처음 나온 친구를 보세요. 옆에 앉은 친구를 보세요. 그리고 웃는 눈, 웃는 입 해 보세요. 와~ 모두 웃음왕자, 웃음공주들이 되었어요. 그리고 이렇게 말해볼까요? "나랑 친구하자."("나랑 친구하자.") "내가 친구가 되어줄게."("내가 친구가 되어줄게.") 옆에 있는 친구와 "친구가 될래요." 하는 유아는 옆친구와 새끼손가락을 걸어요. 손을 잡아보세요. 와~ 모두 손가락을 걸었군요! 한 사람 빠진 것 같은데… 유아교회 친구들, 전도사님과 친구할래요?(네) 그래요. 전도사님도 여러분의 친구가 되어줄게요. '꼭꼭 약속해.' 찬양 부르면서 우리 모두 서로의 친구가 되어주기로 해요. 우리 모두 함께 더 많이 사랑하고 친해져서 재미있게 예배드리기로 해요!('꼭꼭 약속해' 찬양을 함께 부른다.)

결단의 기도

유아교회 친구들을 만나게 해주신 하나님, 감사합니다. 친구가 없던 바울에게 제일 먼저 바나바가 친구가 되어주었던 것처럼, 우리도 서로의 친구가 되어 주기로 했어요. 우리도 서로의 잘못을 용서해주고, 서로의 마음을 알아주는 친구가 되고 싶어요. 그래서 유아교회 친구들 모두 함께 하나님을 찬양하고 예배드리고 싶어요. 예수님의 이름으로 기도 드립니다. 아멘.

MEMO

우리는 좋은 친구예요

말씀 : 마가복음 2장 1~5절

수 일 후에 예수께서 다시 가버나움에 들어가시니 집에 계시다는 소문이
들린지라 많은 사람이 모여서 문 앞까지도 들어설 자리가 없게 되었는데
예수께서 그들에게 도를 말씀하시더니 사람들이 한 중풍병자를
네 사람에게 메워 가지고 예수께로 올새 무리들 때문에 예수께
데려갈 수 없으므로 그 계신 곳의 지붕을 뜯어 구멍을 내고
중풍병자가 누운 상을 달아 내리니 예수께서 그들의 믿음을 보시고
중풍병자에게 이르시되 작은 자야 네 죄 사함을 받았느니라 하시니

"흑흑, 너무 아파. 몸이 움직여지지 않아!" 가버나움이라는 마을에 한 사람이 누워 있어요. 그는 꼼짝할 수 없어요. 왜냐하면 중풍병에 걸렸기 때문이에요. 바깥에 나가 놀 수도 없어요. 매일매일 침대에 누워 살아야만 했어요. 그런데 이 중풍병자에게는 네 명의 친구들이 있었어요. 친구들이 밥도 먹여주고, 얼굴도 씻어줬어요. 외롭지 않게 얘기도 해주고, 성경책도 읽어주고 기도해 줬어요.

"우리 동네에 예수님께서 오셨대! 예수님께서 아픈 내 친구를 봐주시면 좋을 텐데…. 예수님께서는 중풍병을 고쳐주실 수 있을 거야! 친구를 예수님께 데려가자!" "하지만 걷지 못하는데 어떻게 친구를 예수님께 데려가지?" "우리, 들것을 만들자! 들것 위에 태워서 데려가자!" 친구들은 '뚝딱뚝딱' 열심히 들것을 만들었어요. 아픈 친구를 예수님께 데려가기 위해 열심히 들것을 만들었어요. 병에 걸린 친구는 예수님을 만날 생각에 무척 기뻤어요. "예수님을 만나면 병이 나을 수 있을 거야! 친구들아, 고마워. 너희들은 정말 좋은 친구들이야!" 네 명의 친구들은 중풍 병자를 들것에 태우고 예수님께서 계신 곳으로 갔어요.

그런데 그곳에는 이미 예수님을 만나기 위해 온 사람들이 너무 많았어요. 사람들이 너무 많아서 예수님께서 계신 집 안으로 들어갈 수가 없었어요. "어쩌면 좋아. 예수님을 꼭 만나서 친구의 병이 나아야 하는데." 그때 한 친구가 말했어요. "우리, 지붕 위로 올라가면 어때? 지붕을 뚫고 예수님을 만나는 거야!" "맞아! 좋은 생각이야!" 친구들은 들것을 들고 지붕 위로 올라갔어요. '쾅! 쾅! 쾅!' 네 명의 친구들은 지붕을 뚫기 시작했어요. 지붕의 구멍이 점점 커졌어요. 예수님의 모습이 보였어요. 네 명의 친구들은 들것에 줄을 달아서 천천히 방 안으로 내렸어요.

예수님과 함께 방에 있던 사람들이 깜짝 놀랐어요. 그리고 화를 내기도 했어요. "예수님이 계신 방에 구멍을 뚫다니!" 하지만 예수님께서는 화내지 않으셨어요. 오히려 기뻐하시며 칭찬해 주셨어요. "너희들은 정말 좋은 친구들이구나. 친구의 병을 고치기 위해 나에게 데려온 믿음이 훌륭하다!" 예수님께서는 중풍병에 걸려 들것에 누워 있는 친구를 보셨어요. 그리고 말씀하셨어요. "들것을 가지고 일어나 걸어가라!" 예수님의 말씀이 끝나자마자 몸을 움직이지 못하고 걷지도 뛰지도 못하던 친구가 힘차게 일어났어요! 그리고 예수님의 말씀대로 들것을 들고 방을 나갔어요. 중풍병이 나은 거예요! 네 명의 좋은 친구들 덕분에 중풍병이 나았어요.

그런데 유아교회 친구들, 어떤 친구는 콜록콜록 감기 걸린 친구 옆에는 가지도 않는대요. '혹시 나도 감기 걸리면 어떡해.' 걱정하느라 함께 놀아주지 않는대요. 감기 걸린 친구 마음이 어떨까요?(슬퍼요) 감기에 걸렸다고 아무도 옆에 오지 않고 멀리하면 참 슬플 거예요. 그런데 어떤 친구는 콜록콜록 감기 걸린 친구에게 휴지를 주어요. 물도 떠 주어요. 그리고 "괜찮아? 많이 아프지 않아?" 하며 걱정해 주어요. 또 "하나님, 친구가 감기에 걸려 콜록콜록 기침을 해요. 얼른 낫게 해 주세요."라고 기도도 해준대요. 감기 걸린 친구 마음이 어떨까요?(좋아요) 그래요. 감기에 걸린 자기를 걱정해주고 기도해주는 친구가 있으니 참 좋을 거예요.

유아교회 친구들, 여러분은 이 두 친구 중 어떤 친구와 친구가 되고 싶어요?(대답을 듣고) 전도사님도 유아교회 친구들처럼 휴지도 주고, 물도 주고, 기도도 해주는 친구와 친구가 되고 싶어요. 그 친구가 좋은 친구이기 때문에 그래요.

만약 가버나움에 사는 중풍병자 친구에게 네 명의 좋은 친구들이 없었다면 어떻게 되었을까요?(대답을 듣고) 그래요. 예수님을 만나러 오지 못했을 거예요. 그래서 병도 낫지 못했을 거예요. 다행히 가버나움의 중풍병자는 좋은 친구가 있었어요. 그래서 예수님을 만날 수 있었어요. 예수님을 만나 병도 낫게 되었어요.

사랑하는 유아교회 친구들! 하나님은 우리 유아교회 친구들도 좋은 친구가 되길 원하세요. 유아교회 친구들도 친구들에게 좋은 친구가 되어줄 수 있나요?(네) 친구가 다리를 다쳐 놀지 못할 때 혼자 공 차러 가지 않고, 다리 다친 친구와 블록놀이 할 수 있나요?(네) 친구가 색칠을 다하지 못해 쩔쩔맬 때 "너는 그것도 못하니?" 놀리지 않고 함께 색칠해 줄 수 있나요?(네) 친구가 대답을 잘 못해서 사탕을 받지 못할 때도 "너 때문이야!" 화내지 않고 "괜찮아. 사탕은 다음에 먹으면 돼." 하며 웃어줄 수 있나요?(네) 유아교회 친구들은 모두 좋은 친구들이군요. 따라 해 볼까요? "우리는 좋은 친구예요."("우리는 좋은 친구예요.") 네. 유아교회 친구들 모두 좋은 친구들이 되기를 기도해요.

결단의 기도

하나님 아버지, 유아교회에서 좋은 친구들을 많이 만나게 해 주셔서 감사해요. 저도 좋은 친구가 되고 싶어요. 제게 사랑의 마음을 주셔서 도움이 필요한 친구를 돕게 해 주세요. 우리 모두 서로서로 좋은 친구가 되게 해주세요. 예수님의 이름으로 기도 드립니다. 아멘.

MEMO

예수님 안에서 우리는 하나예요

말씀 : 마가복음 3장 13~19절상

또 산에 오르사 자기가 원하는 자들을 부르시니 나아온지라 이에 열둘을
세우셨으니 이는 자기와 함께 있게 하시고 또 보내사 전도도 하며
귀신을 내쫓는 권능도 가지게 하려 하심이러라 이 열둘을 세우셨으니
시몬에게는 베드로란 이름을 더하셨고 또 세베대의 아들 야고보와
야고보의 형제 요한이니 이 둘에게는 보아너게 곧 우레의 아들이란
이름을 더하셨으며 또 안드레와 빌립과 바돌로매와 마태와 도마와
알패오의 아들 야고보와 및 다대오와 가나나인 시몬이며 또 가룟 유다니

예수님에게는 열두 명의 제자가 있었어요. 첫 번째 친구는 세베대라는 사람의 아들 야고보예요. 이 야고보는 질서를 잘 지키는 친구였어요. 두 번째 친구는 마태예요. 마태는 세리였어요. 그래서 사람들에게 따돌림을 받는 사람이었는데 예수님께서 친구로 불러주셨어요. 세 번째 친구는 유다예요. 하나 둘 셋 넷 산수를 잘하는 똑똑한 친구랍니다. 하지만 나중에 예수님을 배신하는 불쌍한 제자예요. 네 번째 친구는 바돌로매예요. 이 친구는 마음이 참 깨끗한 친구랍니다. 다섯 번째 친구는 누구일까요? 바로 베드로예요. 베드로는 원래 고기를 잡는 사람이었지만 예수님의 친구가 된 뒤 하나님의 말씀을 전하는 사람이 되었어요. 베드로는 예수님을 그리스도로 고백하여 칭찬받은 제자이기도 해요. 여섯 번째는 시몬이에요. 시몬도 베드로처럼 고기를 잡는 어부였다가 예수님을 따라온 친구랍니다. 일곱 번째, 안드레예요. 베드로의 동생이지요. 세례 요한을 따르다가 예수님을 만났어요. 그리고 형인 베드로에게 예수님을 만났다고 말해주었어요. 여덟 번째 친구 이름은 요한이에요. 자기 자신을 예수님이 사랑하시는 특별한 제자라고 불렀지요. 마지막까지 십자가의 예수님 옆에 있었어요. 예수님은 그런 요한에게 어머니 마리아를 부탁하셨답니다. 아홉 번째 친구는 다대오예요. 다대오는 예수님의 말씀을 전하다가 죽임을 당했답니다. 열 번째는 도마라는 친구인데, 도마는 의심이 많은 친구라서 친구들의 말을 잘 믿지 않았어요. 부활하신 예수님의 손을 만져보고서야 예수님을 알아보았어요. 열한 번째 친구는 빌립이에요. 많은 사

람들에게 예수님을 소개했던 친구지요. 마지막으로 열두 번째 친구는 작은 야고보예요. 작은 야고보도 3년 동안 예수님의 곁에서 함께했던 좋은 친구랍니다.

유아교회 친구들! 열두 명의 제자들은 정말 다 달랐어요. 예수님의 제자가 되기 전에 하던 일도, 생김새도 달랐어요. 성격도 달랐어요. 급한 사람, 불 같은 사람, 온유한 사람, 의심 많은 사람 등등 달라도 너무 달랐어요. 그런데 딱 하나 같은 점이 생겼어요. 바로 예수님의 제자라는 사실이에요. 예수님의 제자들은 늘 함께 예수님을 따라다녔어요. 매일매일 함께 기도했어요. 함께 예수님의 말씀을 듣고, 함께 전도하고, 함께 밥도 먹었어요. 예수님 안에서 하나 되었지요.

유아교회 친구들, 예수님께서 열두 명의 제자들을 부르셨던 것처럼 예수님께서 우리들도 부르세요. 찬양을 좋아하는 다인이, 신나게 율동하는 시현이, 전도대장 대찬이, 기도대장 재후…. 모두 예수님께서 부르세요. 우리는 키도 다르고 얼굴도 다르고 손가락, 발가락도 다 달라요. 우리는 모두 다 달라요. 하지만 열두 제자들이 함께 다니며 예수님의 말씀을 듣고 기도했던 것처럼, 우리들은 유아교회에서 함께 찬양해요. 함께 기도해요. 또 함께 간식도 먹어요. 유아교회에서 함께 말씀을 배우고 예수님을 닮아가요. 우리도 예수님 안에서 하나가 되지요.

물론 우리 친구들이 서로 다툴 때도 있어요. "흥!" 하고 마음이 상해 토라질 때도 있어요. 하지만 친구들, 예수님의 제자들은 그렇지 않았대요. 서로 미워하지 않았대요. 왜냐하면 예수님께서 "서로 사랑해라."라고 말씀하셨기 때문이에요. 제자들이 서로 사랑하는 것을 보고 사람들이 "역시 예수님의 제자야. 예수님의 제자들은 서로 사랑한대."라고 말할 거라는 걸 제자들은 기억했어요. 그래서 제자들은 늘 서로를 이해하고, 사랑하려고 노력했어요. 예수님의 열두 제자들은 예수님의 말씀을 따라 사랑을 실천하며 살았어요. 예수님 안에서 열두 제자들은 하나 되었어요.

유아교회 친구들, 오른쪽, 왼쪽, 앞, 뒤를 돌아보세요. 내 양쪽 옆에, 그리고 앞, 뒤에 친구들이 앉아있지요? 우리 교회 모든 친구들은 예수님께서 서로 사랑하라고 불러주신 예수님의 제자들이에요. 어떻게 하면 우리가 예수님 안에서 하나 될 수 있을까요?(대답을 듣고) 만날 때마다 서로 뽀뽀해 줄까요?(안돼요) 만날 때마다 서로 안아주면 하나 될 수 있을까요?(안돼요) "에이, 전도사님! 부끄러워서 어떻게 그래요!" 우리 친구들의 마음이 그런 것 같아요. 그러면 어떻게 하나 될 수 있을까요?(대답을 듣고) 전도사님을 따라 하세요. "예수님 안에서"("예수님 안에서") "사랑으로 하나 돼요."("사랑으로 하나 돼요.")

　　사랑하는 유아교회 친구들, "예수님 안에서 하나 될래요." 하는 친구는 크게 "아멘" 하세요.(아멘) 우리 모두 외쳐 볼까요? "예수님 안에서 하나 되어요."(예수님 안에서 하나 되어요) 네. 예수님 안에서 하나 되는 멋진 유아교회 친구들이 되길 함께 기도해요.

결단의 기도

　　사랑의 하나님, 감사합니다. 우리를 예수님의 제자로 불러 주셔서 감사해요. 예수님의 열두 제자들처럼 우리는 얼굴도 다르고, 성격도 다르고, 잘하는 것도 다 달라요. 하지만 열두 명의 제자들이 예수님 안에서 하나 되었던 것처럼 우리들도 예수님 안에서 하나 되고 싶어요. 함께 말씀을 듣고, 함께 예배하고, 함께 자라가며 하나 되게 해주세요. 서로를 사랑하며 하나 되게 해주세요. 예수님의 이름으로 기도 드립니다. 아멘.

● 참고말씀: 요한복음 13장 34~35절

MEMO

그 중에 제일은 사랑이에요

말씀 : 고린도전서 13장 13절

그런즉 믿음, 소망, 사랑, 이 세 가지는 항상 있을 것인데
그 중의 제일은 사랑이라

아주 먼 옛날, 한 나라에 왕과 왕비가 살고 있었어요. 이 왕과 왕비님에게는 세 명의 왕자님이 있었지요. 세 왕자님들은 왕과 왕비와 함께 행복하게 살았어요. 어느 날, 왕이 세 왕자님들을 불러 놓고 이렇게 말했어요. "내가 이제 너무 늙었으니, 너희 가운데 나를 대신하여 이 나라를 다스릴 왕을 뽑고 싶구나." 왕은 매일매일 하나님의 뜻대로 사는 왕자를 왕으로 뽑겠다고 했어요. "늘 성경책을 읽고 하나님께서 가장 좋아하시는 모습으로 살도록 하여라. 너희 중에 하나님이 가장 기뻐하시는 뜻대로 사는 사람을 왕으로 뽑을 것이다."

첫째 왕자님의 이름은 '믿음'이에요. 믿음 왕자님은 하나님을 아주 잘 믿는 왕자님이었어요. 그래서 주일마다 하나님께 예배드리고, 매일매일 기도도 하고, 성경책도 많이 읽었답니다. 성경공부도 하고, 성가대도 해서 교회에 가는 것을 좋아했어요.

둘째 왕자님의 이름은 '소망'이에요. 소망 왕자님은 하나님의 나라에 빨리 가보고 싶었어요. 그래서 매일매일 창문을 열고 하늘을 바라보며 예수님이 하루빨리 이 세상에 다시 오시기를 기다렸어요. 그리고 아침마다 오늘은 하나님 나라에 갈 수 있는지, 하나님 나라는 얼마나 멋진 곳일지 기대했어요. 소망 왕자님은 누구보다도 하나님 나라를 기대하고 기다렸어요.

셋째 왕자님의 이름은 '사랑'이에요. 사랑 왕자님은 매일 아침 눈을 뜨자마자 궁전 바깥으로 나갔어요. 그런데 사랑 왕자님은 궁전 바깥으로 나갈 때마다 빨간 주머니를 가득 채워 나갔어요. 바로 신하가 식탁에 차려 놓은 맛있는 빵과 과자를 담은 주머니지요. 사랑 왕자님은 가난한 아이들이 사는 집 문 앞에 왕자님의 아침식사인 빵과 과자를 몰래 두고 왔어요. 또 아픈 아이가 사는 집에 찾아가서 손을 잡고 빨리 낫게 해달라고 하나님께 기도를 해주었답니다. 하루는 사랑 왕자님이 궁전으로 돌아오는 길이었어요. 그런데 한 아이가 빨간불에 길을 건너는 것을 보았어요. "앗! 큰일이다! 멈춰요, 멈춰! 아이가 있어요!" 바로 저기서 트럭이 달려오고 있었어요. 아이는 트럭을 보지 못했고, 트럭을 운전하는 아저씨도 그 아이를 보지 못했어요. 사랑 왕자님은 그 아이가 다칠까봐 얼른 달려갔어요. 그리고 그 아이를 꼭 안아 구해냈어요. 그 아이는 무사했지만, 안타깝게도 사랑 왕자님은 그 아이 대신에 트럭에 부딪히는 바람에 다치고 말았어요.

이 소식을 들은 왕과 왕비, 그리고 믿음 왕자님, 소망 왕자님, 그리고 신하들이 사랑 왕자님에게 달려왔어요. 왕은 이 일이 일어나게 된 이야기를 듣고 행복하게 미소를 지으며 이렇게 말했어요. "바로 이거야! 성경책을 많이 읽는 것도 중요하고, 하나님께 축복을 많이 받는 것도 중요하지만, 하나님의 말씀대로 네 이웃을 네 몸 같이 사랑하는 것이 가장 중요한 거야. 가난한 사람, 아픈 사람을 도와주고, 친구를 위해 자신의 목숨을 바치는 것을 아까워하지 않는 것이야말로 성경책에 있는 가장 위대한 사랑 이야기지. 사랑 왕자가 하나님이 가장 기뻐하시는 일을 했으니 내 뒤를 이어 왕이 될 것이다!"

유아교회 친구들! 우리 친구들은 믿음 왕자님, 소망 왕자님, 사랑 왕자님 중 누구를 닮았나요? 아~ 믿음 왕자님도 닮았고, 소망 왕자님도 닮았고, 사랑 왕자님도 닮았다고요? 역시 우리 친구들은 대단해요. 그런데 친구들, 사랑 왕자님은 어떻게 사랑했지요?(대답을 듣고) 가난한 친구를 어떻게 사랑해 주었나요?(대답을 듣고) 위험에 처한 아이를 어떻게 사랑해 주었나요?(대답을 듣고) 그래요~ 우리 친구들이 아주 잘 대답해 주었어요. 사랑 왕자님은 가난한 사람들에게 자신의 아침식사인 빵과 과자뿐만 아니라 위험한 상황에 있는 친구를 구하기 위해 자신의 몸을 던졌어요. 그러면 유아교회 친구들, 사랑은 어떤 것인지, 어떻게 하는 것인지 알게 되었나요?(대답을 듣고) 그래요. 사랑은 나만 생각하지 않는 거예요. 나를 소중히 생각하듯이 다른 사람들도 소중하게 여기는 것이 사랑이에요. 성경책도 많이 읽고, 성가대도 하고, 기도도 매일매일 하더라도 우리의 마음에 사랑이 아닌 미움이 있다면 하나님은 그 모든 것이 아무 소용없다고 말씀하셨어요.

이제 우리 친구들 모두 알 수 있지요? 왜 왕이 사랑 왕자님에게 왕위를 물려준다고 했는지 말이에요. 왜요? 바로 사랑 왕자님이 하나님의 말씀대로 네 이웃을 네 몸 같이 사랑했기 때문에 사랑 왕자님에게 왕위를 물려주신 거예요.

　사랑하는 유아교회 친구들, 믿음, 소망, 사랑 이 세 가지 중에 제일은 사랑이래요. 하나님께서는 우리가 하나님을 사랑하고, 우리 이웃을 사랑할 때 가장 행복하시대요. 하나님께서는 우리가 똑똑한 사람, 돈이 많은 사람, 얼굴이 예쁜 사람보다 이웃을 사랑하는 친구들로 자라는 걸 더 기뻐하신대요. 그리고 나중에 이런 친구들을 하나님 나라의 왕자, 공주로 초대해 주신대요. 유아교회 친구들 모두 하나님과 다른 사람들을 사랑하며 사는 왕자님, 공주님들이 되길 바라요!

결단의 기도

　사랑의 하나님, 감사합니다. 믿음, 소망, 사랑 가운데 사랑이 제일이라고 말씀하신 하나님! 우리 마음이 사랑으로 가득하게 해 주세요. 그래서 저만 생각하지 않고 형, 누나, 언니, 오빠, 동생, 친구들을 소중히 대하고 싶어요. 하나님, 친구와 이웃을 많이 사랑하며 살고 싶어요. 사랑 왕자님처럼 날마다 사랑을 실천하며 살게 해 주세요. 예수님의 이름으로 기도 드립니다. 아멘.

● 참고말씀: 고린도전서 13장 1∼3절, 마가복음 12장 29∼31절

MEMO

부모님께 순종해요

말씀 : 에베소서 6장 1~3절

자녀들아 주 안에서 너희 부모에게 순종하라 이것이 옳으니라
네 아버지와 어머니를 공경하라 이것은 약속이 있는 첫 계명이니
이로써 네가 잘되고 땅에서 장수하리라

(태아 초음파 사진을 보여 주며) 짜잔~. 유아교회 친구들, 이 사진은 어떤 사진일까요?(대답을 듣고) 잘 알고 있네요. 이 사진은 우리 친구들이 엄마 뱃속에 있을 때 찍은 초음파 사진이에요. 하나님께서는 우리 친구들이 엄마 뱃속에서 건강하게 자라서 "응애~" 하고 씩씩하게 울며 태어나게 하셨어요. 그리고 우리 친구들에게 제일 먼저 주신 선물이 있어요.

그 선물은 무엇일까요? 그 선물은 바로 두구두구두구(손으로 강단을 치며) 부!모!님! 하나님께서는 우리 모두에게 부모님을 주셨어요. 우리에게 '왜' 부모님을 주셨을까요?(대답을 듣고) 맞아요. 이 세상에 처음 태어난 갓난아기는 혼자서 밥을 먹을 수도 없고, 원하는 대로 돌아다닐 수도 없어요. 그래서 자신을 돌봐줄 부모님이 꼭 필요하지요.

유아교회 친구들, 그럼 지금은 어때요? 이제 형님이 되었고 걸어 다닐 수 있으니까 부모님이 필요 없어졌나요?(아니요) 물론 아니지요. 부모님은 여전히 우리 친구들에게 꼭 필요한 분들이세요. 우리에게 살 곳을 주시고, 먹을 음식을 주시고, 입을 옷도 사주시고, 밤에 잘 자라고 이불도 덮어주시고, 우리가 모르는 것을 알려주시고, 가장 중요한 것! 바로 우리를 사랑해 주시지요. 그러면 우리 친구들이 더 많이 자라면 어떨까요? 우리 모두는 점점점점 자라고 있어요. 우리의 키가 점점점점, 우리의 생각이 점점점점, 우리의 지혜가 점점점점 자라고 있어요. 키가, 생각이, 지혜가 자랄수록 우리는 부모님의 도움이 점점점점 '덜' 필요해지게 돼요. 지금은 친구들이 어려서 부모님의 도움이 많이 필요하지만, 전도사님처럼 어른이 되면 혼자서도 할 수 있는 일들이 많아지기 때문에 부모님의 도움이 별로 필요하지 않게 된답니다.

하지만 우리가 작든 크든, 우리가 아이이든지 어른이든지 우리는 하나님께서 우리에게 주신 부모님을 사랑하고 '공경'해야 해요. '공경'이 무슨 뜻이냐구요? 바로 부모님께 공손하게 말하고 행동하는 것을 말해요. 한마디로 부모님의 말씀에 "네!" 하고 대답하고 순종하는 것이에요. "싫어!" 하며 떼를 쓰거나 부모님 말씀에 불순종하는 게 아니에요. 부모님의 말씀을 기억하고 순종하는 거예요.

하나님은 우리 모두가 부모님의 말씀에 순종하며 살기를 원하세요. 그리고 부모님의 말씀을 잘 듣는 사람에게 축복을 주시겠다고 약속하셨어요. 어떤 약속인지 전도사님이 쉬운 성경말씀을 읽어줄게요.

"자녀들아, 주 안에서 너희 부모에게 순종하라. 이것이 옳으니라. 네 아버지와 어머니를 공경하라. 이것은 약속이 있는 첫 계명이니 이로써 네가 잘되고 땅에서 장수하리라."

하나님께서는 우리 친구들에게 부모님을 공경하라고 말씀하셨어요. '내 마음대로' 하지 말고 부모님 말씀에 "네" 하고 순종하라고 말씀하셨어요.

우리 친구들, 부모님의 말씀에 "네!"라고 대답하고 있나요?(네) 정말로 "네!" 하고 대답하나요? 전도사님이 살짝 우리 친구들의 집으로 가 볼게요. 어~ 이 친구는 왜 귀를 막고 있지요? 엄마가 하시는 말씀이 뭘까요? 우리 같이 들어봐요.

"찬, 얼른 일어나야지. 교회 갈 시간이야." "싫어요. 더 잘 거예요."

"찬, 세수하고 양치질하렴." "싫어요. 엄마가 해 주세요."

"찬, 아침 먹자. 꼭꼭 씹어 먹어야 해요." "에이, 햄도 없고. 안 먹을래요!"

"찬, 혼자 욕심부리면 안 되지. 동생한테도 장난감 나눠 주렴." "싫어요. 나도 이거 가지고 놀고 싶단 말이에요. 딴 거 가지고 놀라고 해요."

"찬!" "엄마, 왜 맨날 나한테만 뭐라고 해요. 내 맘대로 하고 싶다구요."

어~ 우리 친구들 집에서 들리는 소리는 "네"가 아니고 "싫어요"가 많네요.

유아교회 친구들, 하나님께서는 유아교회 친구들 모두 부모님께 순종하는 자녀가 되기를 기대하세요. 그래서 "싫어요"가 아니라 "네" 하고 대답하는 예쁜 입술, 예쁜 자녀가 되기를 기대하세요. 우리가 부모님의 말씀에 순종하는 것을 기뻐하세요. "저는 부모님께 순

종하겠어요." 하는 친구들 모두, 오늘 집에 가서 엄마, 아빠를 꼬~ㅅ 안아드리기로 전도
사님과 약속해요.

자, 오늘 바로 도전하도록 해요. 그래서 우리 유아교회 친구들 모두 하나님과 부모님께
늘 기쁨을 선물해 드리는 멋진 아들, 딸이 되기를 소망합니다!

결단의 기도

우리에게 부모님을 선물로 주신 하나님, 감사합니다. 우리를 사랑으로 보살펴 주시는 부모님을 주셔서 참 감
사해요. 부모님 말씀에 순종하고 공경하는 멋진 아들, 딸이 되도록 도와주세요. 부모님 말씀에 "네" 하는 우리가
되게 해 주세요. 그래서 우리를 사랑하시는 부모님을 기쁘게 해 드리고, 하나님을 기쁘게 해드리는 우리가 되게
해 주세요. 예수님의 이름으로 기도 드립니다. 아멘.

MEMO

형제를 용서해요

말씀 : 창세기 45장 3~5절

요셉이 그 형들에게 이르되 나는 요셉이라 내 아버지께서 아직 살아 계시니이까
형들이 그 앞에서 놀라서 대답하지 못하더라 요셉이 형들에게 이르되 내게로
가까이 오소서 그들이 가까이 가니 이르되 나는 당신들의 아우 요셉이니 당신들이
애굽에 판 자라 당신들이 나를 이곳에 팔았다고 해서 근심하지 마소서 한탄하지
마소서 하나님이 생명을 구원하시려고 나를 당신들보다 먼저 보내셨나이다

"아버지는 요셉만 예뻐하셔. 이런 법이 어디 있어!" 요셉의 형들은 요셉만 특별히 사랑하는 아버지 이삭 때문에 서운했어요. 게다가 아버지는 요셉에게만 멋진 옷을 선물로 주었어요. "형, 이것 봐라. 아버지가 또 새 옷을 주셨다. 내 옷 알록달록 예쁘지? 형은 이런 옷 없지?" 요셉이 눈치도 없이 속이 상한 형들에게 마구 자랑을 했어요. 형들은 아버지의 사랑을 독차지한 요셉이 얄미웠어요.

그러던 어느 날, 요셉이 형들이 일하는 곳으로 아버지의 심부름을 가게 되었어요. "저기 좀 봐! 얄미운 요셉이다. 우리 버릇없는 요셉을 혼내줄까?" 형들은 저 멀리서 요셉이 오고 있는 걸 보고 동생 요셉을 어떻게 혼내줄지 생각했어요. 요셉이 형들이 있는 곳에 도착하자 형들은 요셉을 구덩이에 던져버렸어요. 그리고 근처를 지나가던 다른 나라 사람에게 돈을 받고 요셉을 노예로 팔아버렸어요. 이럴 수가! 하지만 하나님께서는 요셉을 혼자 두지 않으셨어요. 요셉은 힘든 일도 많이 겪었지만, 하나님께서 도와주셔서 이집트의 총리가 되었어요. 총리는 왕 다음으로 높은 사람이었어요. 그런데 총리 요셉이 사는 이집트와 아버지와 형들이 사는 이스라엘에 오랫동안 비가 내리지 않았어요. 곡식이 자라지 않았어요. 그래서 먹을 음식이 다 떨어지고 없었어요. 하지만, 하나님께서 총리 요셉에게 오랫동안 비가 내리지 않을 거란 사실을 미리 알려주셔서 요셉은 음식을 미리미리 저장해 두었어요. 이집트 사람들은 물론 다른 나라 사람들까지 음식을 사기 위해 요셉에게 몰려들었어요. 요셉의 형들도 음식을 구하려고 이집트에 오게 되었어요. 그렇지만 형들은 요셉이 총리가 되었다는 사실을 꿈에도 알지 못했답니다. 형들은 동생 요셉을 알아 보지 못하고 동생에게 절을 하며 음식을 팔라고 부탁했어요.

총리 요셉은 그들이 자기 형이라는 것을 한눈에 알 수 있었어요. 총리 요셉이 형들에게 어떻게 했을까요? "나를 노예로 팔다니 용서하지 않겠다! 여봐라~ 이 사람들을 당장 감옥에 가두어라!" 했을까요? "음식을 줄 수 없다! 당장 돌아가라!" 하며 쫓아냈을까요? 아니요~! 요셉은 그렇지 않았어요. 오랜만에 만난 형들을 보고 엉엉 울며 꼬옥~ 안아주었어요. 형들은 깜짝 놀랐어요. 자기들이 괴롭힌 동생 요셉이 지난 일을 기억하고 자신들을 해칠까 봐 무서웠어요. 하지만 요셉은 그런 형들에게 "형님들, 염려하지 마세요. 옛날에 저를 노예로 판 일로 마음 아파하지 마세요. 하나님께서 우리 가족을 구원하시려고 저를 이곳으로 보내시고 이집트의 높은 사람이 되게 하셨으니, 이제부터 제가 형님들을 잘 모시겠습니다."라고 하며 용서해 주었답니다.

유아교회 친구들~ 우리 친구들이 요셉이라면 어떻게 했을까요? 요셉처럼 형들을 모두 용서하고 사이좋게 지냈을까요? 네~ 나에게 잘못한 사람을 용서하고 사랑하는 일은 어려워요. 하지만, 하나님은 우리가 서로를 용서하는 멋진 사람이 되길 원하신답니다.

"그런데요 전도사님, 제 동생은요, 맨날 제 장난감을 빼앗아요. 그래서 너무 미워요." 하는 친구도 있지요? "전도사님, 우리 형은요, 맨날 나만 빼고 딱지치기 해요. 나도 형이랑 놀고 싶은데…." 하는 친구도 있지요? 형제, 자매끼리도 서로에게 화가 날 때가 있어요. 미울 때도 있어요. 싸울 때도 있고요. 하지만 하나님께서는 우리 친구들이 형제들끼리 싸우고 화내는 것을 원하지 않으셔요. 기뻐하지 않으셔요. 형제끼리 자매끼리 서로 잘못하고, 그래서 서로 싸우고 화낼 수도 있어요. 하지만 하나님께서는 형제나 자매가 싸우고 나서 드리는 예배는 받지 않으신다고 말씀하세요.

가만히 생각해보니 어제 동생이랑 싸웠는데 서로 "미안해", "괜찮아" 하지 않고 "흥" 토라진 친구가 있나요? 마음속으로 얼른 "미안해" 해요. "괜찮아" 해요. 그리고 오늘 예배를 마치고 나면 서로 용서하고 화해하도록 해요.

하나님께서는 형제, 자매를 용서하라고 말씀하셔요. 우리 친구들 할 수 있지요? "저는 이제부터 형과 동생과 사이좋게 지낼 거예요." 하는 친구는 오른손을 들어요. "저한테 잘 못해도 용서해 줄 거예요." 하는 친구는 왼손을 들어요. "'미안해' 하면 '괜찮아' 할 거예요." 하는 친구는 두 손을 모두 가슴에 모으세요. 이제 전도사님과 함께 기도하겠어요.

결단의 기도

형제, 자매를 주신 하나님, 감사합니다. 그동안 형과 동생과 서로 싸우고 화냈던 것을 용서해 주세요. 먼저 '미안해' 하지 못하고 '괜찮아' 하지 못했던 것을 용서해 주세요. 하나님, 형, 동생을 용서할 수 있는 마음을 주세요. 그래서 사이좋게 지내는 형제, 자매가 되게 해 주세요. 그래서 매일매일 하나님께서 주신 형제, 자매들과 행복하게 살 수 있게 해 주세요. 예수님의 이름으로 기도 드립니다. 아멘.

● 참고말씀: 마태복음 5장 23~24절

MEMO

서로서로 응원해요

말씀 : 빌립보서 4장 14~20절

그러나 너희가 내 괴로움에 함께 참여하였으니 잘하였도다 빌립보 사람들아
너희도 알거니와 복음의 시초에 내가 마게도냐를 떠날 때에 주고 받는 내 일에
참여한 교회가 너희 외에 아무도 없었느니라 데살로니가에 있을 때에도 너희가
한 번뿐 아니라 두 번이나 나의 쓸 것을 보내었도다 내가 선물을 구함이 아니요
오직 너희에게 유익하도록 풍성한 열매를 구함이라 내게는 모든 것이 있고 또
풍부한지라 에바브로디도 편에 너희가 준 것을 받으므로 내가 풍족하니 이는
받으실 만한 향기로운 제물이요 하나님을 기쁘시게 한 것이라 나의 하나님이
그리스도 예수 안에서 영광 가운데 그 풍성한 대로 너희 모든 쓸 것을 채우시리라
하나님 곧 우리 아버지께 세세 무궁하도록 영광을 돌릴지어다 아멘

유아교회 친구들, 우리 친구들은 바울 아저씨를 알고 있나요? 바울 아저씨는 세계 여러 나라에 하나님의 말씀을 전하고 곳곳에 교회를 세운 분이세요. 그런데 아저씨가 하나님의 말씀을 전할 때에 힘들고 어려운 일이 많았어요. 예수님을 믿지 않는 사람들이 바울 아저씨를 미워해서 욕하고, 때리고, 감옥에 가두기도 했거든요. 이러한 바울 아저씨에게 응원단이 있었답니다. 어떤 응원단이었는지 궁금하지요? 그 응원단은 바로바로 빌립보교회에 다니는 성도님들이랍니다.

"빌립보 마을 친구들, 예수님 믿으세요! 예수님은 우리를 정말 사랑하세요. 우리를 대신해서 십자가에서 죽으셨어요!" "예수님께서 우리를 위해 십자가에서 죽으셨다고요? 이제부터 예수님을 믿을 거예요!" "저도요!" "저도 예수님을 믿고 사랑하겠어요!" "바울 선생님, 감사해요. 선생님 덕분에 우리 빌립보 마을에 교회가 생겼어요. 감사해요!" 빌립보교회 사람들은 복음을 전해준 바울 선생님을 좋아했어요. 바울 선생님도 빌립보교회 친구들을 더욱 사랑했어요. 빌립보교회 친구들은 바울 선생님이 더 많은 사람들에게 복음을 전할 수 있도록 바울 선생님을 돕기 시작했어요. 빌립보교회 친구들은 모여서 바울 선생님을 위해서 기도했어요. "예수님, 바울 선생님이 먼 곳에서 복음을 전하고 있어요. 건강하게 도와주세요. 사람들이 복음을 듣고 예수님을 믿게 해주세요!" 또 빌립보교회 친구들은 하나님께 드린 헌금을 모아서 바울 선생님께 드렸어요. "바울 선생님, 저희 교회 친구들이 헌금을 모았어요. 이 돈으로 열심히 복음을 전해주세요." "정말 고맙습니다. 고맙습니다!" 바울 선생님은 복음을 전하고 교회를 세우는 데 이 헌금을 사용했어요.

이렇게 빌립보교회 친구들은 복음을 전해준 바울 선생님을 사랑하고 도왔어요. 바울 선생님도 빌립보교회 친구들을 항상 잊지 않고 사랑했어요. 바울 아저씨는 이렇게 든든한 빌립보교회 성도님들의 응원에 힘을 얻어 전도를 더 잘할 수 있었답니다.

그런데 우리 친구들~ 우리 친구들에게도 이렇게 든든한 응원단이 있다는 사실을 알고 있나요?

바로 우리 유아교회 친구들이 하나님을 잘 믿고 건강하게 자라도록 우리교회 어른들께서 기도로 응원해주고 계신답니다.

"하나님, 우리 유아교회 어린이들이 키도 쑥쑥 자라고 지혜도 쑥쑥 자라게 해주세요.", "우리 유아교회 어린이들의 가정이 늘 화목하게 해주세요.", "유아교회 친구들이 하나님을 잘 믿게 해주세요." 하고 모든 친구들을 위해서 새벽마다 혹은 밤마다 매일매일 기도하고 계세요.

그리고 빌립보교회 성도님들이 바울 아저씨에게 필요한 것들을 주었듯이, 우리교회 어른들도 친구들이 하나님께 예배를 잘 드릴 수 있도록 아낌없이 도와주고 계세요. 예배실 정리도 해주시고, 맛있는 간식을 먹을 수 있게 도와주신답니다. 야외체험학습을 나갈 때는 우리가 재밌고 안전하게 다녀올 수 있도록 운전도 해주시고요, 성경말씀을 잘 배울 수 있도록 필요한 물건들도 준비해주신답니다. 이렇게 우리 유아교회 친구들에게도 든든한 응원단이 있어요.

유아교회 친구들, 우리는 우리를 응원해 주시는 교회 어른들에게 어떤 마음을 가져야 할까요?(대답을 듣고) 그래요. 우리 친구들 모두 잘 알고 있군요. 우리가 밝고 튼튼한 예수님의 제자로 자라기를 기도로 응원하시는 어른들을 기억하고 어른들께 감사해야겠어요. 그러면, 감사한 마음을 어른들께 어떻게 전하면 좋을까요? (유아들의 이야기를 듣는다.) 그래요. 친구들, 우리도 어른들을 위해 하나님께 기도하고, 교회 어른들을 만나면 "안녕하세요, 감사합니다!" 하고 인사해요. 또 우리 친구들도 어른들께 "힘내세요!" 하며 씩씩하게 응원해 보세요. 정말 행복해하실 거예요!

결단의 기도

    우리를 응원해 주시는 하나님, 우리들을 위해서 늘 기도해 주시고 응원해 주시는 어른들을 보내주셔서 감사합니다. 그분들의 큰 사랑을 기억하고 감사한 마음으로 살게 해주세요. 우리를 위해 기도하시는 모든 분들이 건강하게 해주시고, 나눌수록 더 풍성하게 채워주시는 하나님의 사랑을 느낄 수 있도록 축복해 주세요. 예수님의 이름으로 기도 드립니다. 아멘.

MEMO

시즌 **6월** 주제 **은사**

성령의 은사로 교회를 도와요

말씀 : 고린도전서 12장 4~11절

은사는 여러 가지나 성령은 같고 직분은 여러 가지나 주는 같으며 또 사역은
여러 가지나 모든 것을 모든 사람 가운데서 이루시는 하나님은 같으니
각 사람에게 성령을 나타내심은 유익하게 하려 하심이라 어떤 사람에게는
성령으로 말미암아 지혜의 말씀을, 어떤 사람에게는 같은 성령을 따라
지식의 말씀을, 다른 사람에게는 같은 성령으로 믿음을, 어떤 사람에게는
한 성령으로 병 고치는 은사를, 어떤 사람에게는 능력 행함을, 어떤
사람에게는 예언함을, 어떤 사람에게는 영들 분별함을, 다른 사람에게는
각종 방언 말함을, 어떤 사람에게는 방언들 통역함을 주시나니 이 모든 일은
같은 한 성령이 행하사 그의 뜻대로 각 사람에게 나누어 주시는 것이니라

성령님께서 모든 사람들에게 선물, 바로 은사를 주셨어요. 은사는 쉬운 말로 하면 성령
님께서 주신 능력이에요. 어떤 사람에게는 병을 고칠 수 있는 능력을 주셨어요. 어떤 사람
에게는 성경말씀을 잘 이해할 수 있는 능력을 주셨어요. 또 어떤 사람에게는 하나님께서
어떤 말씀을 하시는지 알고 전하는 능력을 주셨어요. 와! 대단하죠! 전도사님도 이런 능력
을 받고 싶어요.

그런데 성령님께서는 왜 사람들에게 이런 능력을 주셨을까요? 바로 교회를 위해서 능력
을 주셨어요. 무엇을 위해 주셨다고요? 바로 교회를 위해 사용하라고 귀한 능력을 주셨어
요. 그래서 성령님께서 주신 능력을 아무 일에나 함부로 사용하면 안돼요. 교회를 위해서
잘 사용해야 해요.

그럼 어떻게 하면 성령님이 주신 능력을 교회를 위해 잘 사용할 수 있을까요?

지금 우리는 유아교회에 모여 예배를 드리고 있어요. 그런데 예배드리고 찬양하려면 피
아노 반주가 꼭 필요해요. 지금 누가 피아노 반주를 하고 계시죠? (유아: OOO선생님이
요!) 그래요. OOO선생님께서 피아노를 멋지게 연주해 주셔서 우리가 열심히 찬양해요.
OOO선생님이 피아노를 쳐주시지 않으면 찬양시간이 좀 아쉬울 거예요. 바로 성령님께서
OOO선생님에게 피아노를 연주할 수 있는 능력을 주신 거예요. 그리고 선생님은 성령님

께 받은 연주 능력을 교회 예배를 위해서 사용하고 있는 거죠. 그럼 예배시간에 피아노를 치는 능력만 성령님께서 주신 건가요? 우리 유아교회를 위해서 성령님께 받은 능력을 사용하고 계시는 분들이 정말 많아요. 우리가 교회에 편안하게 오도록 차를 운전해 주시는 분도 계세요. 운전을 잘할 수 있는 능력을 성령님께 받아서 우리 유아교회를 위해서 도와주고 계세요. 또 어떤 분들이 성령님께 받은 능력으로 우리를 도와주고 계시죠? 맛있는 간식을 만들어주시는 분, 멋진 율동으로 찬양을 가르쳐 주시는 분, 성경말씀을 재미있고 쉽게 전해주시는 분, 예배를 잘 드리도록 예배실을 깨끗하게 청소해 주시는 분 등, 정말 많이 계시죠? 이 모든 분들이 성령님의 능력을 받아 우리 유아교회를 돕고 있어요. 우리는 이 분들의 도움과 지원을 받고 있어요. 정말 감사해요.

유아교회 친구들에게도 성령님께서 은사를 선물로 주셨을까요?(네) 그래요. 우리 친구들에게도 성령님께서 능력을 주셨어요. 성령님께서 우리 친구들에게 어떤 능력을 주셨나요? 함께 생각해 볼까요? 어떤 친구는 성령님께 성경 말씀을 잘 암송하는 능력을 받았어요. 이런 친구들 있죠? 손을 들어볼까요? 어떤 친구에게는 예수님을 잘 믿는 마음을 은사로 주셨어요. 어떤 친구에게는 성경 말씀을 잘 읽고 기억하고 외우는 은사를 주셨어요. 또 어떤 친구에게는 기도를 잘하는 은사를 주셨어요. 이것 말고도 찬양을 잘하는 은사, 율동을 잘하는 은사, 친구를 잘 돕는 은사, 내가 가진 간식이나 장난감을 친구에게 잘 나눠주는 은사, 인형정리하는 것을 좋아하는 은사 등등 모두 성령님께서 우리들에게 주신 선물이에요. 와! 성령님께서 우리 모두에게 멋진 은사를 주셨어요.

그런데 성령님은 왜 우리들에게 은사를 주셨을까요? OO(이)에게 왜 찬양을 잘하는 은사를 주셨을까요? OO(이)에게 왜 친구를 열심히 돕는 은사를 주셨을까요? 그건 바로 교회를 위해서예요. "나는 성경 말씀을 완벽하게 암송하는 은사가 있어. 멋지지!" 하며 잘난 척 하면 안돼요. "너는 말씀을 왜 그렇게 못 외우니?" 하며 다른 친구를 놀리거나 무시해서도 안돼요. 말씀 암송을 잘하는 친구는 다른 친구들에게 하나님의 말씀을 열심히 이야기해 주세요. 친구들이 그 암송을 듣고 하나님의 말씀을 잘 기억할 수 있어요. 찬양을 잘하는 친구들은 다른 친구들에게 아름다운 찬양을 열심히 들려주세요. 친구들이 찬양을 통해 마음이 기뻐질 거예요. 물건을 잘 정리하고 휴지를 잘 버리는 친구들은 열심히 예배실을 깨끗하게 정리하세요. 다른 친구들이 깨끗한 곳에서 예배를 잘 드릴 수 있고 하나님께서도 기뻐하실 거예요.

　사랑하는 유아교회 친구들! 성령님께서 모든 사람들에게 은사를 주셨어요. 그런데 그 은사는 잘난 척하라고 주신 것이 아니에요. 교회를 위해 쓰라고, 다른 친구들을 도우라고 은사를 주신 거예요. 은사를 주셔서 감사하다고 성령님께 고백해요. 그리고 열심히 그 은사를 교회와 다른 친구들을 위해 사용하기로 해요! 그 능력으로 교회를 돕기로 해요!

결단의 기도

　하나님 아버지, 감사합니다. 우리에게 성령의 은사를 주셔서 감사해요. 찬양하는 은사, 믿음의 은사, 말씀의 은사, 화평의 은사를 주셔서 감사해요. 이 은사를 가지고 잘난 척하지 않게 해 주세요. 또 이 은사를 사용하지 않는 게으른 아이가 되지 않게 해 주세요. 하나님! 성령의 은사를 가지고 교회를 돕게 해 주세요. 교회를 더 아름답고 멋지게 하는 데, 우리가 사용되게 해 주세요. 예수님의 이름으로 기도 드립니다. 아멘.

MEMO

예수님 손을 닮아요

말씀 : 마태복음 8장 3절

예수께서 손을 내밀어 그에게 대시며 이르시되 내가 원하노니 깨끗함을
받으라 하시니 즉시 그의 나병이 깨끗하여진지라

예수님의 손은 어떻게 생겼을까요? 거칠거칠한 손일까요? 부드러운 손일까요? 하얀 색 손일까요? 어두운 색 손일까요? 크기가 큰 손일까요? 작은 손일까요? 전도사님도 잘 몰라요. 하지만 예수님의 손은 바로 이런 손이었어요.

예수님의 손은 병을 고쳐주시는 손이에요. 예수님께서 길을 가시는데 아주 많은 사람들이 예수님을 따라왔어요. 그 사람들 중에는 병에 걸린 사람들이 많았어요. 나병에 걸린 한 사람이 예수님 앞에 나왔어요. 그리고 예수님께 절하고 말했어요. "예수님, 저의 병을 고치실 수 있는 것을 믿어요. 저를 건강하게 고쳐주세요." 예수님께서 손을 내밀어 나병에 걸린 사람을 만지시며 말씀하셨어요. "깨끗하게 병이 나을 것이다." 그랬더니 놀라운 일이 일어났어요. 예수님께서 손을 대어 만지신 사람의 병이 깨끗하게 나은 거예요.

예수님의 손은 가난한 사람들의 편이 되어 주시는 손이에요. 예수님은 가난한 사람들을 돌보아 주셨어요. 먹을 것이 없고 돈이 없어서 힘들게 살아가는 사람들을 불쌍하게 여기시고 마음 아파 하셨어요. 예수님께서 부자들에게 말씀하셨어요. "가난한 사람들에게 필요한 것을 충분히 빌려 주어라. 네가 가진 것들을 가난한 사람들에게 나누어 주어라." 예수님께서는 손을 활짝 펴서 가난한 사람들에게 가진 것을 나누라고 하셨어요.

예수님의 손은 죄를 용서해 주시는 손이에요. 예수님의 손에는 상처가 있어요. 바로 십자가에 못 박힌 상처예요. 예수님께서는 우리들의 죄 때문에, 우리가 받을 벌을 대신 받으시려고 십자가에 못 박히셨어요. 예수님께서는 우리의 죄를 용서해 주시려고 십자가에 못 박히셨어요. 우리는 예수님 때문에 죄를 용서 받았어요. 우리는 예수님 때문에 천국에 갈 수 있어요. 예수님의 손이 우리들이 하나님의 자녀가 되고 천국에 갈 수 있는 길을 만들어주셨어요. 우리를 향해 펼쳐진 하나님의 손, 예수님의 손이 우리를 잡아 구원으로 이끄셨어요.

우리 친구들, 손을 펼쳐 보아요. 손가락을 꼬물꼬물 움직여 보아요. 작고 하얀 예쁜 손이에요. 친구들은 이 손으로 무엇을 하지요?(대답을 듣고) 그래요. 우리 친구들은 예쁜 손으로 그림을 그리지요. 세수도 하지요. 밥도 먹지요. 친구랑 손도 잡지요. 또 기도도 해요.
손을 다시 펼쳐 보아요. 그리고 친구들이 손으로 하는 일들을 생각해 보면서 내 손이 예수님 손을 닮았는지, 안 닮았는지 생각해 보도록 해요.(시간을 주고) 예수님을 믿는 친구들은 예수님을 닮아야 해요. 예수님께서 그렇게 하라고 말씀하셨어요. 예수님의 손은 병든 사람들을 고치고, 가난한 사람들에게 필요한 것을 나눠주고, 우리들의 죄를 용서해 주시는 손이에요. 친구들, 예수님의 손을 닮았나요?

"그런데요, 제가 어떻게 병을 고쳐요? 전 못해요." 맞아요. 우리는 병을 고칠 수 없어요. 그럼 어떻게 해야 병을 고치시는 예수님의 손을 닮을 수 있을까요?(대답을 듣고) 맞아요. 아픈 친구를 위해 기도하는 손이 되면 된답니다. 그러면 하나님께서 병을 고쳐주실 거예요. 아~ 우리는 기도손으로 예수님의 병 고치는 손을 닮을 수 있어요. 그러면 가난한 사람들에게 필요한 것을 나눠주는 나눔손은 어떻게 닮을까요?(대답을 듣고) 그래요. 그런 방법이 있군요. 작아진 옷, 다 읽은 책을 나눠줄 수 있어요. 그럼 우리 죄를 용서해주시는 용서의 손은 어떻게 닮을 수 있을까요?(대답을 듣고) 그래요. 나에게 잘못한 친구들을 용서하고 친구들과 화해하면 예수님의 용서의 손을 닮는 거예요.

사랑하는 유아교회 친구들! 예수님을 믿는 우리는 어떤 손을 가져야 할까요?(대답을 듣고) 네. 예수님의 치료 손, 나눔 손, 용서 손을 가져야 해요. 우리 모두 예수님의 손을 닮기로 해요. 친구가 아프고 힘들 때 돕고 기도해 주세요. 친구가 필요한 것이 있을 때 내 것을 나누어 쓰기로 해요. 친구가 나에게 잘못했을 때 예수님처럼 사랑으로 용서하기로 해요.
우리 유아교회 친구들의 손이 예수님의 손을 닮은 치료 손, 나눔 손, 용서의 손이 되기로 해요!

결단의 기도

오늘도 우리를 만나주시는 하나님, 감사합니다. 우리는 예수님의 손을 닮고 싶어요. 우리를 치료해 주시는 예수님의 치료 손을 닮고 싶어요. 우리에게 필요한 것을 주시는 예수님의 나눔 손을 닮고 싶어요. 우리 죄를 용서해 주시는 예수님의 용서 손을 닮고 싶어요. 사랑으로 친구들과 이웃을 섬기는 우리들이 되게 해 주세요. 예수님의 이름으로 기도 드립니다. 아멘.

● 참고말씀: 신명기 15장 7~8절, 마태복음 20장 28절

MEMO

믿음으로 부탁해요

말씀 : 마태복음 8장 5~13절

예수께서 가버나움에 들어가시니 한 백부장이 나아와 간구하여 이르되
주여 내 하인이 중풍병으로 집에 누워 몹시 괴로워하나이다 이르시되
내가 가서 고쳐 주리라 백부장이 대답하여 이르되 주여 내 집에 들어오심을
나는 감당하지 못하겠사오니 다만 말씀으로만 하옵소서 그러면 내 하인이
낫겠사옵나이다 나도 남의 수하에 있는 사람이요 내 아래에도 군사가 있으니
이더러 가라 하면 가고 저더러 오라 하면 오고 내 종더러 이것을 하라
하면 하나이다 예수께서 들으시고 놀랍게 여겨 따르는 자들에게 이르시되
내가 진실로 너희에게 이르노니 이스라엘 중 아무에게서도 이만한 믿음을
보지 못하였노라 또 너희에게 이르노니 동 서로부터 많은 사람이 이르러
아브라함과 이삭과 야곱과 함께 천국에 앉으려니와 그 나라의 본 자손들은
바깥 어두운 데 쫓겨나 거기서 울며 이를 갈게 되리라 예수께서 백부장에게
이르시되 가라 네 믿은 대로 될지어다 하시니 그 즉시 하인이 나으니라

가버나움에 백 명의 군인들을 거느리는 백부장이 살고 있었어요. 그 백부장에게는 여러 하인이 있었는데, 어느 날 한 명의 하인이 병에 걸려서 쓰러지고 말았어요. 백부장의 하인은 중풍병이란 병에 걸렸는데 너~무 아파서 많이 고통스러워 했지요.

그러던 중, 백부장이 예수님께서 가버나움에 오셨다는 소식을 듣게 되었어요. 백부장은 예수님이 모든 병을 고칠 수 있는, 정~말 정말 굉장한 분이시라는 것을 소문으로 들어서 알고 있었어요. 백부장은 당장 일어나서 예수님을 찾아갔어요. "예수님, 저희 집에 있는 한 하인이 중풍병에 걸려서 움직이지도 못할 정도로 아파하고 있습니다." 예수님이 대답하셨어요.

"가자. 내가 가서 고쳐주겠다."

그러자 그 백부장이 두 손을 절레절레 흔들며 말했어요.

"아닙니다, 예수님. 저는 예수님처럼 귀하신 분을 집에 모실 만한 사람이 못됩니다. 병이 떠나가라고 명령만 해주십시오. 그러면 제 종이 분명히 나을 것입니다. 제 하인도 제가 '가라!' 하고 명령하면 가고, '와라!' 하고 명령하면 옵니다. 그러니 예수님이 말씀으로 명령만 하시면 중풍병이 떠나갈 것입니다."

이 말을 들은 예수님은 깜짝 놀라셨어요. 백부장이 예수님의 병 고치는 능력을 확실하게 믿고 있었기 때문에요. 예수님은 백부장의 믿음에 감동하셨어요. "너처럼 믿음이 강한 사람을 이스라엘에서 만나본 적이 없구나. 집으로 돌아가라. 너의 믿음이 하인의 병을 다 낫게 하였다." 예수님은 백부장의 큰 믿음을 기쁘게 보셨어요. 그래서 백부장의 부탁을 들어주셨답니다.

백부장이 집에 돌아가자, 놀랍게도 하인이 병에서 깨끗하게 고침 받아 다 나아 있었어요. 정말로 예수님께서 병에 걸린 하인을 만나보시지도 않고, 말씀만으로 말끔히 고치셨어요. 우리 예수님, 정말 멋진 분이시지요?

유아교회 친구들, 백부장 아저씨도 우리들처럼 자기 힘으로는 사랑하는 신하의 병을 고칠 수 없었어요. 하지만 아저씨는 예수님이 신하의 병을 고칠 수 있는 능력 있는 분이라는 것을 믿었어요. 그래서 예수님께 신하의 병을 고쳐달라고 부탁했지요. 예수님은 백부장의 믿음을 칭찬하시고는 그 부탁을 기쁘게 들어주셨어요.

우리 친구들도 사랑하는 가족이나 친구가 아플 때 우리 스스로는 병을 고칠 수 없지만 "예수님! 우리 엄마의 병이 빨리 낫게 해주세요! 고쳐주세요!" 하고 예수님께 부탁드릴 수 있어요. 요새 친구들의 주변에 아픈 사람이 있나요? 건강하게 해달라고 예수님께 부탁해 보아요.

'예수님이 정말 내 부탁을 들어주실까?' 의심하지 말고 예수님은 모든 병을 고치실 수 있는 분이란 걸 믿고 기도 드려보세요. '백부장 아저씨는 어른이고 부자고 힘도 세지만, 난 어리고 힘도 없고 기도도 잘 못하는데…. 예수님이 내 부탁을 들어주실까?' 의심하지 말고 예수님을 믿고 기도 드려보세요. 예수님께서 우리 친구들의 사랑과 믿음을 칭찬하시며 친구들의 기도에 응답해주실 거예요.

우리가 예수님의 능력을 믿고 예수님께 기도하면, 예수님께서 우리가 믿은 대로 들어주세요. 우리의 부탁을 들어주세요. 이 사실을 꼭 기억해요. 친구나 가족이 아플 때, 우리 친구들이 아플 때에도 "고쳐주세요."라고 믿음으로 예수님께 부탁하는 친구들이 되기로 해요.

결단의 기도

우리를 만드신 하나님, 감사합니다. 우리에게는 다른 사람의 병을 고칠 수 있는 능력이 없지만, 예수님의 이름으로 기도하면 예수님께서 모든 질병과 아픔을 고쳐주신다는 사실을 믿어요. 백부장의 부탁을 들으시고 신하의 병을 고쳐주신 것처럼, 우리가 아픈 가족이나 이웃을 위해 기도드릴 때, 그 기도를 들으시고 병을 고쳐주세요. 예수님의 이름으로 기도 드립니다. 아멘.

MEMO

말씀대로 살아요

말씀 : 마태복음 7장 24~27절

그러므로 누구든지 나의 이 말을 듣고 행하는 자는 그 집을 반석 위에
지은 지혜로운 사람 같으리니 비가 내리고 창수가 나고 바람이 불어
그 집에 부딪치되 무너지지 아니하나니 이는 주추를 반석 위에 놓은
까닭이요 나의 이 말을 듣고 행하지 아니하는 자는 그 집을 모래 위에
지은 어리석은 사람 같으리니 비가 내리고 창수가 나고 바람이 불어
그 집에 부딪치매 무너져 그 무너짐이 심하니라

예수님께서 사람들과 제자들에게 집을 지은 두 남자의 이야기를 들려주셨어요.

"두 남자가 있었단다. 둘은 각각 자신의 집을 짓기로 결심했지. 한 남자는 모래 위에 집을 지었고, 다른 한 남자는 바위 위에 집을 지었단다.

그런데 어느 날, 비가 내리고, 홍수가 나고, 바람이 불기 시작했어. 그러자 모래 위에 지은 집은 비바람에 쉽게 무너지고 말았어. 하지만 바위 위에 지은 집은 비바람이 몰아쳐도 무너지지 않고 그대로 있었지."

친구들, 바닷가에 가서 모래를 본 적이 있나요? 네, 모래는 파도가 왔다 갔다 할 때마다 이리저리 쓸려 다니곤 해요. 그러면 바위는 어떤가요? 바닷가에 있는 바위는 아무리 큰 파도가 쳐도 움직이지 않고 그 자리를 우뚝 지키고 있지요?

그런데 이렇게 약하고 위험한 모래 위에 왜 집을 지었다는 걸까요? 예수님의 말씀을 들은 제자들과 사람들은 이해할 수가 없었어요. 모두가 곰곰이 생각에 잠기자 예수님께서 다시 말씀하셨어요.

"잘 듣고 기억하여라. 말씀을 귀 기울여 듣고 그대로 행동하는 사람은 이렇게 단단한 바위 위에 집을 지은 지혜로운 사람과 같단다. 하지만 말씀을 듣고도 그 말씀에 순종하지 않고, 자기 마음대로 사는 사람은 파도에 휩쓸려 다니는 모래 위에 집을 짓는 어리석은 사람과 같지. 말씀을 듣고도 기억하지 않고 자기 마음대로 살기 때문에 쉽게 무너지고 마는 것이지." 제자들과 사람들은 예수님의 설명을 듣고서야 고개를 끄덕였어요.

사실 우리 모두 위험한 모래 말고 튼튼한 바위 위에 집을 지어야 한다는 걸 잘 알고 있어요. 그런데 왜 어떤 사람들은 위험한 모래 위에 집을 짓는 걸까요?(대답을 듣고) 그렇지요. 모래 위에 집을 짓는 것이 더 쉽기 때문에 그래요. 그래서 위험한 줄 알면서도 얼른 모래 위에 집을 짓는 미련한 사람들이 많이 있어요.

우리 친구들은 이 두 사람 중에 어떤 사람인가요? 튼튼한 바위 위에 집을 지은 지혜로운 사람인가요? 아니면 위험한 모래 위에 집을 지은 미련한 사람인가요?

예수님의 말씀을 듣고 그 말씀을 기억하여 말씀에 순종하며 사는 사람인가요? 아니면 예수님의 말씀을 듣고도 생각하지도 않고 잊어버려서 자기 마음대로 사는 사람인가요? 우리 친구들이 '나는 어떤 사람인가?' 생각하느라 고민이 많은 것 같아요.

그럼 다시 물어볼게요. 우리 친구들은 튼튼한 바위 위에 집을 지은 지혜로운 사람이 되고 싶어요, 아니면 위험한 바위 위에 집을 지은 미련한 사람이 되고 싶어요?(대답을 듣고) 그래요. 전도사님도 튼튼한 바위 위에 집을 지은 지혜로운 사람이 되고 싶어요. 그러면 어떻게 해야 할까요?(말씀에 순종해요) 네! 말씀에 순종해야 해요.

하나님께서는 친구들이 성경말씀을 늘 마음에 생각하고 그 말씀대로 순종하며 살기를 원하세요. 말씀을 듣고도 금방 잊어버리거나, 못 들은 척 무시하고 자기 마음대로 사는 것은 하나님께서 기뻐하지 않으신답니다.

우리 유아교회 친구들은 말씀을 듣고 어떻게 하나요? 혹시 말씀을 잘 지키고 싶은데 "전도사님, 저는 자꾸 말씀을 잊어버려요. 말씀이 기억나지 않아요." 하는 친구는 없나요? 이런 친구들은 매일매일 집에서 성경을 읽고 기억하도록 해요. 하지만 우리 친구들 중에는 아직 어려서 한글을 읽지 못해서 "저는 성경책을 못 읽어요!" 하고 말하는 친구들도 있을 거예요. 그런 친구들은 부모님이나 할머니 할아버지, 혹은 언니, 오빠, 형, 누나에게 성경책을 읽어달라고 하거나, 성경이야기를 들려달라고 해보세요. 그리고 '하나님께서 어떻게 하면 기뻐하실까?' 하고 생각하고 기억하며 하나님 말씀대로 살아보세요. 이런 친구들은 바위 위에 집을 지은 사람처럼 비바람이 몰아치고 힘든 일이 생겨도 끄떡없어요. 그리고 하나님께서 약속하신대로 모든 일이 잘되고 기쁨이 넘친답니다.

결단의 기도

　말씀에 귀 기울이는 것은 기뻐하시는 하나님, 우리가 말씀을 듣게 해 주셔서 감사해요. 하나님, 말씀을 듣고도 기억하지 못했던 것, 모른 척했던 것, 말씀대로 행하지 못했던 것 모두 용서해 주세요. 하나님, 말씀을 기억하게 해주세요. 말씀을 잘 지키고 싶어요. 하나님께서 도와주세요. 우리가 말씀을 듣고 잊어버리지 않고 말씀을 따라 언제 어디서나 말씀대로 사는 지혜로운 사람이 되게 해주세요. 예수님의 이름으로 기도 드립니다. 아멘.

● 참고말씀: 여호수아 1장 8절

MEMO

이삭처럼 양보해요

말씀 : 창세기 26장 22절

이삭이 거기서 옮겨 다른 우물을 팠더니 그들이 다투지 아니하였으므로
그 이름을 르호봇이라 하여 이르되 이제는 여호와께서 우리를 위하여
넓게 하셨으니 이 땅에서 우리가 번성하리로다 하였더라

"왜 이삭만 우물을 많이 갖고 있는 거야! 이건 불공평해." 블레셋 사람들이 투덜거렸어요. "이삭의 우물을 우리가 빼앗자!" 사람들은 이삭의 우물을 빼앗고 살던 곳에서 쫓아냈어요. 이삭은 억울하게 우물도 뺏기고 쫓겨났지만 싸우거나 화내지 않았어요. 이삭은 조용히 우물을 양보했어요. 이삭이 우물을 한 번 양보했어요.

이삭은 다른 동네에 가서 다시 우물을 팠어요. "영차영차!" 우물을 다시 파는 건 무척 힘들었어요. 하지만 열심히 팠어요. 그러자 땅 속에서 물이 솟아 나왔어요. 하나님께서 이삭을 축복해주셔서 이삭이 다시 우물을 갖게 되었어요. 시원한 물도 마실 수 있게 되었고 짐승들에게 물을 먹일 수도 있게 되었어요. 그런데 이것을 본 사람들이 또다시 이삭을 질투했어요. 그래서 이삭이 판 우물을 또 빼앗았어요. 이삭은 이번에 어떻게 했을까요? 우물을 빼앗아가지 못하게 사람들과 싸웠을까요? 화를 냈을까요? 아니에요. 이삭은 이번에도 조용히 우물을 양보했어요. 이삭은 자신이 판 우물을 사람들에게 주었어요. 이삭이 우물을 두 번! 양보했어요.

이삭은 화내지 않고 다른 땅을 찾아 우물을 다시 파기 시작했어요. 사람들이 말했어요. "이삭은 이제 우물을 파지 못할 거야. 우물 파는 일이 그렇게 쉬운 일이 아니잖아." 그럴까요? 우물을 파는 일은 정말 어려운 일이에요. 하지만 하나님께서 이삭을 또 축복해 주셨어요. 그래서 이삭이 물이 나오는 땅을 찾을 수 있도록 하나님께서 지혜를 주셨어요. 사람들은 모두 깜짝 놀랐어요. "이삭이 또 우물을 팠다고? 말도 안돼! 왜 이삭만 우물을 잘 파는 거지?" 그리고 이번에도 또 이삭의 우물을 빼앗았어요. 이삭은 이번에도 조용히 우물을 양보했어요. 이삭이 우물을 세 번! 양보했어요.

이삭은 또 다시 새로운 우물을 파기 시작했어요. 이번에도 우물을 팠을까요? 그래요. 하나님께서는 사람들과 싸우지 않고 우물을 양보한 이삭을 칭찬하셨어요. 그래서 이삭이 또 우물을 팔 수 있도록 도와주셨어요. 축복해 주셨어요. 그래서 이번에도 이삭은 우물을 가질 수 있었어요. 그런데 이번에도 사람들이 이삭의 우물을 빼앗았어요. 벌써 네 번째예요. 이삭은 어떻게 했을까요? 이번에는 사람들과 싸웠을까요? 아니에요. 이삭은 이번에도 조용히 양보했어요. 이삭이 우물을 네 번! 양보했어요.

친구들, 이삭이 힘이 약하고 싸움을 못해서 양보한 걸까요? 아니에요. 이삭은 알고 있었어요. 싸우지 않고 양보하는 것을 하나님께서 기뻐하신다는 것을요. 그래서 이삭이 계속 우물을 양보한 거예요. 하나님께서는 이런 이삭을 축복해 주셔서 또 새로운 우물을 팔 수 있게 해주셨어요.

야곱의 우물을 빼앗은 사람들도 이 사실을 알게 되었어요. 그래서 다시는 이삭의 우물을 빼앗지 않았어요. 옆에서 지켜보던 블레셋 왕 아비멜렉도 하나님께서 이삭과 함께하신다는 걸 인정했어요. 그리고 이삭과 사이좋게 지내기로 약속했어요.

친구들, 양보하면 더 큰 것을 얻을 수 있어요. '양보하면 지는 거 아닐까? 양보하면 내 것이 없어지는데. 어떻게 더 큰 걸 얻지?'라고 생각하는 친구들도 있을 거예요. 하지만 친구들, 이삭을 보세요. 이삭은 우물을 양보하고 하나님을 얻었어요. 그리고 이웃들과 사이좋게 지내며 '온유한 이삭'이라는 별명도 얻게 되었어요.

하나님께서는 이삭처럼 양보하는 친구들을 좋아하세요. 하나님께서도 하나뿐인 아들, 예수님을 우리에게 양보해 주셨어요. 그래서 우리에게 예수님을 보내주셨어요. 그리고 우리들의 죄를 용서해 주시기 위해서, 우리 대신 예수님께서 십자가에 못 박혀 돌아가셨어요. 만약에 하나님께서 예수님을 우리에게 양보해 주시지 않았다면 어떻게 되었을까요? 그래서 예수님께서 우리에게 오시지 않고 십자가에 달리지 않으셨다면 어떻게 되었을까요? 우리는 죄를 용서받지 못하고 천국에도 가지 못해요.

우리도 이삭처럼 양보할 수 있을까요?(네) 무엇을 양보할 수 있을까요?(대답을 듣고) 아, 친구들은 그런 것들을 양보할 수 있군요. 그럼 전도사님이 말하는 것을 듣고 양보할 수 있는 친구는 크게 '양보!'라고 크게 대답하기로 해요. 맛있는 간식!(양보!) 소중한 장난감!(양보!) 우리 친구들 모두 잘 양보했어요. 하나님께서 우리 친구들을 칭찬해 주실 거예요. 우리 친구들도 '온유한 OO'(이)라는 별명을 갖게 될 거예요. 유아교회 친구들 모두 양보하는 친구들 되기를 기대해요.

결단의 기도

양보를 기뻐하시는 하나님, 감사합니다. 우물을 네 번이나 양보하면서도 불평하지 않았던 이삭처럼 우리도 양보하는 친구들이 되고 싶어요. 그래서 하나님께서 야곱과 함께하셨던 것처럼 하나님과 함께하는 축복을 받고 싶어요. 양보하는 우리들 때문에 언제나 사이좋게 지내는 유아교회가 되게 해주세요. 예수님의 이름으로 기도 드립니다. 아멘.

● 참고말씀: 창세기 26장 12~29절, 이사야 53장 7절

MEMO

선한 말을 해요

말씀 : 에베소서 4장 29절

무릇 더러운 말은 너희 입 밖에도 내지 말고 오직 덕을 세우는 데
소용되는 대로 선한 말을 하여 듣는 자들에게 은혜를 끼치게 하라

전도사님과 함께 큰 목소리로 말씀을 따라 읽어요.

"무릇 더러운 말은 / 너희 입 밖에도 내지 말고 /

오직 / 덕을 세우는 데 소용되는 대로 / 선한 말을 하여 /

듣는 자들에게 / 은혜를 끼치게 하라."

오늘 우리가 함께 읽은 성경말씀에 보니까, 두 가지 말이 나와요. 어떤 말과 어떤 말이 나오나요?(더러운 말이요, 선한 말이요) 네. 더러운 말과 선한 말, 이렇게 두 가지 말이 나오지요. 더러운 말은 절대 말하지 말고, 선한 말만 하라고 말씀에 쓰여 있어요.

친구들, 더러운 말은 과연 무엇일까요?(대답을 듣고) 그래요. 우리 친구들이 잘 알고 있네요. '싫어요!' 하고 짜증내는 말, '너 때문이야!' 하고 친구를 탓하는 말, '난 못해' 하고 포기하는 말, '우리 집에 OOO 있다~' 하고 속이는 거짓말, '그것도 못해?' 하고 무시하는 말은 모두 더러운 말, 건강하지 않은 말이에요. 건강하지 않은 말인 더러운 말을 하면 아픈 사람처럼 얼굴을 찡그리게 돼요. 말하는 친구나 듣는 친구 모두 아플 때처럼 기분이 좋지 않아요.

그러면 선한 말은 과연 무엇일까요?(대답을 듣고) 역시 잘 알고 있네요. '네' 하고 순종하는 말, '제가 할게요' 하는 섬김의 말, '고맙습니다' 하는 예의 바른 말, '괜찮아' 하고 용서하는 말, 'OO야, 잘했어' 하고 칭찬하는 말, '사랑해' 하는 사랑의 말은 모두 선한 말, 건강한 말이에요. 건강한 말은 선하고 건강한 사람처럼 웃음이 가득해요. 말하는 친구나 듣는 친구 모두 기분이 좋아요.

유아교회 친구들은 어떤 말을 많이 하나요?

"네, 제가 할게요, 고맙습니다, 괜찮아, 잘했어, 사랑해"라는 말을 많이 하나요, 아니면 "싫어! 너 때문이야, 난 못해, 바보야, 그것도 못해?"라는 말을 많이 하나요?

마음으로는 "네, 제가 할게요, 고맙습니다, 괜찮아, 잘했어, 사랑해" 하고 싶은데, 나도 모르게 "싫어! 너 때문이야, 난 못해, 바보야, 그것도 못해?"라는 말이 툭~하고 튀어 나오지요? 화가 나서 툭, 짜증이 나서 툭! 더러운 말은 절~대 하지 말란 하나님 말씀처럼 더러운 말, 건강하지 않은 말, 나쁜 말을 입 밖에 내지 않는다는 것이 쉬운 일은 아니지요.

"하나님, 제 입술에 경비병을 세워주셔서 제가 옳지 않은 말을 하지 않도록 지켜주세요." 하나님께 칭찬받았던 다윗왕도 하나님께서 싫어하시는 말을 하는 죄를 범하지 않으려고 이렇게 기도하고 노력했어요. 입에서 툭 튀어나오는 더러운 말, 나쁜 말을 하지 않으려면 순간순간 우리 친구들이 노력해야 한답니다.

만약 우리 친구들이 노력하지 않고 "싫어! 너 때문이야, 난 못해, 바보야, 그것도 못해?"라는 말을 마구 한다면 어떻게 될까요? "쟤는 맨날 같이 교회 가자고 하더니 교회에서 나쁜 말만 배우나봐! 그런 교회라면 난 안 갈테야!" 어~ 이건 아닌데요. "쟤는 예수님 믿는다고 하더니 거짓말만 하고…. 예수님은 거짓말쟁이인가?" 어~ 이것도 아닌데요.

그럼 어떻게 하면 좋을까요?(대답을 듣고) 오늘 전도사님이 친구들에게 좋은 방법을 알려줄게요. 사실 이 방법은 예수님께서 알려주신 방법이에요. 모두 한목소리로 따라 하세요.

"너희가 악하면서 / 어떻게 선한 것을 / 말할 수 있겠느냐?

입은 그 마음속에 / 가득 찬 것을 말하는 것이다 / 마태복음 12장 34절 말씀 / 아멘"

사랑하는 유아교회 친구들, 우리 마음에 짜증이 가득하면 어떤 말이 나올까요?(짜증내는 말이요) 네, 짜증내는 말이 나오겠지요. 그럼 사랑이 가득하면 어떤 말이 나올까요?(사랑의 말요) 맞아요! 사랑의 말이 나오겠지요.

혹시 우리 친구들 중에 "싫어! 너 때문이야, 난 못해, 바보야, 그것도 못해?" 하는 말을 많이 하는 친구가 있다면 "하나님, 제 마음을 만져주세요. 제 마음을 기쁨으로, 사랑으로, 감사로 채워주세요." 하고 기도해요. 하나님께서 우리 친구들의 마음을 선한 마음으로 바꿔주실 거예요. 그러면 우리 친구들 모두 선한 말을 하는 선한 친구들이 될 수 있어요. 우리 모두 하나님께서 기뻐하시고, 친구들을 기분 좋게 하는 선한 말을 하는 친구들이 되도록 해요.

결단의 기도

선한 말을 기뻐하시는 하나님, 감사합니다. 입술에 경비병을 세워달라고 기도했던 다윗처럼 우리도 선한 말, 예쁜 말, 좋은 말을 하기 위해 노력하게 해 주세요. 우리의 마음을 사랑의 마음, 선한 마음으로 가득 채워 주셔서 언제나 선한 말을 하게 해 주세요. 그래서 제 주변의 모든 사람들이 행복해지게 해 주세요. 예수님의 이름으로 기도 드립니다. 아멘.

● 참고말씀: 시편 141편 3절

MEMO

충성된 종이 될래요

말씀 : 마태복음 25장 19~23절

오랜 후에 그 종들의 주인이 돌아와 그들과 결산할새 다섯 달란트 받았던 자는
다섯 달란트를 더 가지고 와서 이르되 주인이여 내게 다섯 달란트를 주셨는데
보소서 내가 또 다섯 달란트를 남겼나이다 그 주인이 이르되 잘하였도다
착하고 충성된 종아 네가 적은 일에 충성하였으매 내가 많은 것을 네게 맡기리니
네 주인의 즐거움에 참여할지어다 하고 두 달란트 받았던 자도 와서 이르되
주인이여 내게 두 달란트를 주셨는데 보소서 내가 또 두 달란트를 남겼나이다
그 주인이 이르되 잘하였도다 착하고 충성된 종아 네가 적은 일에 충성하였으매
내가 많은 것을 네게 맡기리니 네 주인의 즐거움에 참여할지어다 하고

어느 나라에 큰 부자가 살았어요. 그런데 다른 나라로 여행을 다녀오게 되었어요. 부자가 종들을 불렀어요. "내가 여러 날 동안 다른 나라에 다녀오게 되었다. 너희들에게 내 돈을 맡기고 갈 테니, 내가 맡긴 돈으로 열심히 일을 하고 있거라." 부자는 첫 번째 종에게는 다섯 달란트를, 두 번째 종에게는 두 달란트를, 세 번째 종에게는 한 달란트를 맡기고 다른 나라로 떠났어요.

부자가 떠난 후 종들은 고민했어요. "이 돈으로 어떻게 일을 하지?"

첫 번째 종은 열심히 생각, 또 생각하다가 그 돈으로 장사를 시작했어요. 첫 번째 종은 열심히 일해서 더 많은 돈을 벌게 되었답니다. 두 번째 종도 시장에 가서 물건을 팔아 많은 돈을 벌었어요. 부자가 맡기고 간 돈보다 돈이 더 많아졌답니다.

그런데 세 번째 종은 잠시 고민하는 듯하더니, "쳇, 대체 뭘 어떻게 하라는 거지? 아, 귀찮아. 흠, 그래도 주인의 돈이 없어지면 혼날지도 모르니까 땅에 잘 묻어 놓자." 하고 부자의 돈을 땅에 묻었어요. 그리고는 일은 하지 않고 매일매일 먹고 놀고, 놀고 먹으며 지냈답니다.

그러던 어느 날, 부자가 집에 돌아왔어요. 부자는 종들을 불러서 돈을 어떻게 사용했는지 물었어요.

첫 번째 종과 두 번째 종이 부자에게 말했어요. "주인님, 제게 주신 달란트로 장사를 했어요. 그리고 주신 만큼 달란트를 더 벌었습니다. 주인님, 모두 받으세요. 주인님 것입니다.” 이 말을 들은 부자는 “하하하, 착하고 충성된 종아, 잘하였다. 네가 내가 맡긴 적은 일에 충성했으니 너에게 많은 일을 맡겨야겠구나.” 하고 종을 칭찬했어요.

마지막으로 세 번째 종이 부자에게 한 달란트를 건네며 말했어요. “주인님, 제게는 한 달란트를 주셨는데 저는 주인님의 돈을 잃어버릴까봐 그냥 땅에 묻어두었습니다. 여기, 주인님의 한 달란트입니다.” 이 말을 들은 부자는 “이런, 악하고 게으른 종 같으니라고! 은행에라도 돈을 맡겼더라면 이자라도 벌 수 있었을 것 아니냐. 여봐라! 이자를 당장 쫓아버려라!” 하고 화를 냈지요.

친구들, 부자가 종들에게 돈을 맡겼던 것처럼, 우리 하나님도 전도사님과 여러분에게 맡기신 것이 있어요. 바로 월, 화, 수, 목, 금, 토, 주일 매일매일이 하나님께서 우리에게 맡기신 시간이에요. 또 우리 몸도 하나님께서 건강하게 잘 관리하라고 맡기신 하나님의 작품이에요. 그렇다면 우리 친구들의 일상을 한 번 볼까요?

첫 번째 친구, 호성이는 밤늦게까지 TV를 보다가 아침에 늦잠을 자서 유치원(어린이집)에 매일 지각을 한대요. 이 친구처럼 어릴 때 잠을 늦게 자면 건강에도 좋지 않고, 키도 안 큰대요. 또 아침에 유치원(어린이집) 버스도 놓치고, 유치원(어린이집)에 늦게 가서 선생님이 들려주시는 재미난 동화 이야기도 들을 수 없는데 말이에요.

두 번째 친구 시우는요~ 여섯 살인데요. 스스로 밥을 먹지 못한대요. 팔이랑 손이 다치거나 아픈 친구냐고요? 아니요~ 여섯 살 친구들 중에서 키가 가장 작긴 하지만 팔이랑 손은 다치지 않았어요. 하지만 시우는 밥을 먹을 때마다 딴생각을 하거나 멍~하고 다른 곳을 쳐다보느라 다른 친구들이 밥을 다 먹고 ‘치카치카’ 양치질을 다 한 후에야 겨우 식판을 정리한답니다. 게다가 편식도 너~~~무 심해서 야채를 절대 안 먹는대요. 편식을 하면 몸에 좋지 않은데 말이에요. 그래서 키가 잘 안 크는 걸까요?

우리 몸은 하나님께서 우리에게 맡기신 하나님의 작품이에요. 하나님은 우리가 우리 몸을 어떻게 사용하길 원하실까요? 귀찮다고 양치질을 하지 않아서 까만 충치 투성이가 되거나, 잘 씻지 않아 더러운 병균이 몸속에 들어가서 감기에 잘 걸리는 약한 몸으로 만들길 원하실까요? 아니면 우리에게 맡기신 몸을 건강하고 깨끗하게 가꾸는 것을 기뻐하실까요?

또, 하나님께서 맡기신 하루를 잠만 쿨쿨 자거나 TV 보고 게임하는 시간들로 채우는 것을 기뻐하실까요, 아니면 하나님을 찬양하고, 하나님과 대화하고, 이웃들에게 하나님의 사랑을 전하는 시간으로 채워가는 것을 기뻐하실까요?

그래요. 하나님께서는 우리가 하나님께서 맡기신 몸과 시간을 착하게, 그리고 충성스럽게 잘 가꾸며 살기를 원하세요. 우리가 이다음에 하늘나라에 갔을 때, "하하하, 착하고 충성스런 나의 ○○아(야)!" 하고 하나님께 칭찬받도록 노력하는 사랑하는 유아교회 친구들 되길 축복합니다.

결단의 기도

사랑의 하나님, 감사합니다. 하나님, 오늘 우리 몸과 시간이 하나님의 것임을 알게 해 주셔서 감사해요. 하나님의 것인 우리의 몸과 시간을 맡겨주셔서 감사해요. 지금까지는 알지 못해서 우리의 몸과 시간을 마음대로 사용했던 것 용서해 주세요. 이제부터는 소중하게 아껴서 착하고 충성된 종이라고 칭찬 받을게요. 예수님의 이름으로 기도 드립니다. 아멘.

MEMO

우리는 반대해요

말씀 : 로마서 12장 15절

즐거워하는 자들과 함께 즐거워하고 우는 자들과 함께 울라

이곳은 벽돌지옥이에요. 벽돌지옥이라니? 우리 친구들은 처음 듣는 말이죠?

벽돌지옥은 어디에 있을까요?(대답을 듣고) 어떤 곳일까요?(대답을 듣고) 그럼 어떤 사람들이 가는 곳일까요?(대답을 듣고) 그런데 친구들, 벽돌지옥은 그런 곳이 아니래요. 또 벽돌지옥은 나쁜 사람, 죄 지은 사람이 가는 곳이 아니래요.

그러면 벽돌지옥은 어떤 사람들이 가는 곳일까요? 친구들, 놀라지 마세요. 벽돌지옥은 유아교회 친구들 같은 어린아이들이 간대요. 정말이냐고요? 네. 정말이에요. 걸음마를 떼고 걷기 시작하는 18개월 유아들부터 이곳 벽돌지옥에 간대요.

벽돌지옥이 어떤 곳이냐구요? 바로 벽돌을 만드는 공장이에요.

그런데 우리 친구들 같은 어린 유아들이 벽돌을 만드는 곳이라서 벽돌지옥이라고 부른대요.

정말로 벽돌지옥이 있냐구요?

네. 바로 방글라데시라는 나라에 있어요. 우리나라에서 비행기를 2번 갈아타고 동쪽으로 4~5시간 날아가면 도착하는 나라예요.

"에이, 전도사님, 거짓말하지 마세요. 어떻게 우리들이 벽돌을 만들어요?"

유아교회 친구들, 지금도 방글라데시 벽돌공장에 있는 친구들이 고사리 같은 손으로 돌을 나르고 있어요. 하루 종일 해가 쨍쨍 내리쬐는 강가에서 돌을 주워 벽돌공장으로 돌을 날라요.

아주 어린 유아들은 손으로, 조금 더 큰 유아들은 바구니에 돌을 담아 나르고 있어요. 또 8~9세 형님들은 망치로 큰 돌을 깨주기를 기다렸다가 그 돌을 나르기도 하는데요, 돌이

깨지다가 얼굴이나 몸에 튀어서 상처가 나도 치료할 수가 없대요. 정말 아프겠지요? 또 11살 정도 되는 형님들은 돌가루로 벽돌반죽을 만들거나 벽돌을 네모나게 만드는 일을 한대요. 우리 친구들이 이런 일을 한다면 어떨까요?(대답을 듣고)

그런데 친구들, 이렇게 하루 종일 벽돌공장에서 일하는 친구들 말고도 더 많은 친구들이 일하고 있어요. 쓰레기장에서 쓰레기를 골라내는 일을 하는 어린 친구들이 있고요. 카페트 공장에서 맨손으로 카펫 기계를 돌리는 친구들도 있어요. 창문도 없는 성냥공장에서 마스크랑 장갑도 못 끼고 일하는 친구들도 있어요.

유아교회 친구들, 우리 친구들은 하루 종일 어떤 일을 하죠?

아침에 일어나면 엄마가 차려주신 맛있는 아침밥을 먹어요. 세수를 하고 옷을 입고 머리를 예쁘게 땋고 유치원(어린이집)에 가죠. 유치원(어린이집)에 가면 무얼 하나요?(대답을 듣고) 책도 읽고 놀이도 하죠. 공차기도 하고 가베도 해요. 매일 2장씩 종이접기도 하고 영어나 중국어를 배우기도 해요. 또 집에서는 무얼 할까요?(대답을 듣고) 장난감을 가지고 놀거나 엄마랑 놀이터에 가죠. TV도 보고 저녁밥도 먹고 깨끗하게 씻고 잠을 자요.

우리 친구들이 이렇게 즐겁고 안전하게 지낼 때, 또 많은 친구들이 벽돌공장에서, 카페트 공장에서, 성냥공장에서 일을 하고 있어요. 어떻게 해야 할까요?

한목소리로 전도사님을 따라 하세요. "우는 자들과 함께 울라!"("우는 자들과 함께 울라!")

유아교회 친구들, 예수님께서는 가난한 사람들, 세리, 과부, 병자들의 친구가 되어 주셨어요. 그들의 아픔을 함께하셨어요. 우리들도 예수님처럼 우는 자들과 함께 울어주어야 해요. 이 시간 벽돌을 만들고 있는 친구들을 위해 울어주어야 해요.

오늘 전도사님이 유아교회 친구들에게 함께 우는 방법을 알려 줄게요. 바로 '반대하기'예요. 큰 목소리로 따라해 보세요. "우리는 반대해요!"("우리는 반대해요!") 우리 친구들과 같은 어린 친구들이 위험한 일을 하는 걸 반대하는 운동이 있어요. "저는 일하고 싶지 않아요."라고 말하고 싶지만 말할 수 없는 친구들을 대신해서 말해 주는 거예요. 엄마랑 아빠께 "엄마도 반대해요!", "아빠도 반대해요!" 하고 말해주세요. 우리의 반대가 모이고 모여서 친구들을 도와줄 수 있어요. 함께 울어줄 수 있어요.

사랑하는 유아교회 친구들, 우리끼리가 아닌 우는 자들과 함께 우는 친구들이 되길 기대해요. 전도사님과 함께 외쳐볼까요? 시작! "우리는 반대해요!"

결단의 기도

어려움에 처한 사람들과 함께하시는 하나님, 감사합니다. 하나님, 오늘 이 시간 우리처럼 어린 친구들이 힘들게 일을 하고 있어요. 하나님, 그 친구를 도와주세요. 지켜 주세요. 저는 어린이가 일하는 것을 반대해요. 우리 모두 보호 받으며 자랄 수 있게 해 주세요. 자유롭고 행복한 친구들로 자랄 수 있게 해 주세요. 예수님의 이름으로 기도 드립니다. 아멘.

MEMO

우상을 무너뜨려요

말씀 : 열왕기하 23장 24~25절

요시야가 또 유다 땅과 예루살렘에 보이는 신접한 자와 점쟁이와 드라빔과
우상과 모든 가증한 것을 다 제거하였으니 이는 대제사장 힐기야가 여호와의
성전에서 발견한 책에 기록된 율법의 말씀을 이루려 함이라 요시야와 같이
마음을 다하며 뜻을 다하며 힘을 다하여 모세의 모든 율법을 따라 여호와께로
돌이킨 왕은 요시야 전에도 없었고 후에도 그와 같은 자가 없었더라

이스라엘 사람들이 또 '깜빡'하고 하나님의 말씀을 잊었어요. 하나님께서 열심히 예배드리라고 말씀하셨는데 그러지 않은 거예요. 하나님만 섬기라고 하셨는데 우상을 섬겼어요. 이스라엘의 왕들도 '깜빡'하고 하나님의 말씀을 똑같이 잊었어요. 하나님의 마음이 많이 아프셨어요.

그런데 요시야 왕은 그렇지 않았어요. 요시야 왕은 여덟 살에 왕이 된 꼬마 왕이에요. 요시야는 어렸지만 하나님을 사랑하는 왕이었어요. 다른 왕들과 달랐어요. 그래서 하나님의 말씀을 기억하고 하나님께 열심히 예배드리기로 했어요.

하나님께 열심히 예배드리려면 성전이 필요했어요. 그런데 성전이 너무 낡고 더러웠어요. 요시야 왕이 사람들에게 명령했어요. "하나님께 예배드리는 성전을 깨끗하게 고칩시다!" 뚝딱! 뚝딱! 요시야 왕의 명령대로 성전을 고치고 청소했어요.

앗! 그런데 이게 무엇일까요? 성전에서 무언가를 찾았어요! 바로 하나님의 말씀이 적혀 있는 두루마리 성경책이었어요. 사람들은 성경책을 요시야 왕에게 가져갔어요.

요시야 왕이 성경의 말씀 읽기 시작했어요. "우상을 섬기지 말라! 나 하나님만 섬기고 예배하여라!" 요시야 왕은 성경을 다 읽고는 눈물을 흘렸어요. 그리고 손으로 가슴을 쳤어요. "하나님, 잘못했어요. 우리는 하나님을 잘 믿고 섬기지 못했어요. 우상을 섬기고, 하나님께 정성 드려 예배하지도 못했어요. 용서해 주세요!" 요시야 왕은 성경을 읽고 자기 죄와 이스라엘 백성들의 잘못을 깨달았던 거예요. 그리고 하나님께 회개했어요. 그렇게 말씀을 읽고 회개한 요시야 왕을 보시고 하나님께서 기뻐하셨어요.

요시야 왕은 이스라엘 백성들을 모두 불러 모았어요. 그리고 이렇게 말했어요. "여러분! 우리는 그동안 하나님의 말씀을 잊고 죄를 지었습니다! 이제부터는 성경책의 말씀대로 살아야 합니다! 이제부터 하나님의 말씀을 따라 삽시다!" 요시야 왕의 말대로 이스라엘 백성들이 모두 약속했어요. "네. 이제부터는 하나님의 말씀대로 살겠습니다! 성경 말씀대로 따르겠습니다!"

요시야 왕과 이스라엘 백성들은 제일 먼저 우상을 무너뜨렸어요. 그동안까지 절하고 섬겼던 우상들을 이제는 모두 부수고 치운 것이죠. 그리고 하나님께만 절하고 하나님만 섬겼어요. 그리고 하나님께 열심히 예배드리는 일을 잊지 않았어요. 새로 고친 성전에서 정성껏 하나님께 예배드렸어요. 하나님만 섬기고 열심히 예배드리는 요시야 왕과 백성들의 모습을 보시고 하나님께서 기뻐하셨어요. 말씀대로 달라진 사람들의 모습을 보시고 하나님께서 기뻐하셨어요.

우리도 이스라엘 백성들처럼 달라져야할 모습이 있어요. 어떤 모습일까요?(대답을 듣고) 어, 이 친구를 보세요. 예배가 시작되었는데 아직도 밖에서 놀고 있어요. 정성껏 예배하는 모습이 아니에요. 어, 이 친구들 보세요. 예배시간인데 떠들고 있어요. 정성껏 예배하는 모습인가요?(아니요) 네, 정성껏 예배하는 모습이 아니에요. 또 이 친구는 기도시간에 장난치고 있네요. 이런 모습도 정성껏 예배하는 모습이 아니에요.

하나님께 정성껏 예배드리지 못한 우리들의 모습을 회개하기로 해요. 요시야 왕처럼 하나님의 말씀을 따라 열심히 예배하기로 해요. 하나님보다 더 좋아하고 사랑한 것이 있다면 회개하기로 해요. 요시야 왕처럼 하나님의 말씀을 따라 하나님만 섬기고 사랑하기로 해요. 하나님의 말씀을 깜빡하지 말고 기억하세요. 그래서 항상 하나님의 말씀을 따라 살기로 해요!

사랑하는 유아교회 친구들! 이스라엘 백성들은 하나님의 말씀을 잊고 죄를 지었어요. 하지만 요시야 왕과 함께 성경말씀을 읽고는 회개했어요. 그리고 성경 말씀을 따라 살았어요. 우상을 무너뜨리고 하나님께 정성껏 예배드렸어요. 우리도 하나님의 말씀대로 따라 살기로 해요. 그동안 죄를 지은 것을 회개하고 말씀을 따르기로 약속해요. 하나님의 말씀을 잊지 않고 그 말씀 따라 달라지기로 해요!

결단의 기도

정성된 예배를 기뻐하시는 하나님, 감사합니다. 예배시간에 장난치고 떠들었던 잘못을 용서해 주세요. 이제부터 하나님만 생각하며 마음을 다해 예배하고 싶어요. 하나님, 장난치고 싶은 마음, 떠들고 싶은 마음, 꼼지락거리고 싶은 마음을 모두 참을 수 있도록 힘 주세요. 예수님의 이름으로 기도 드립니다. 아멘.

● 참고말씀: 열왕기하 22장 1절 ~ 23장 23절

MEMO

복음을 전해요

말씀 : 사도행전 10장 30~35절

고넬료가 이르되 내가 나흘 전 이맘때까지 내 집에서 제 구 시 기도를 하는데
갑자기 한 사람이 빛난 옷을 입고 내 앞에 서서 말하되 고넬료야 하나님이
네 기도를 들으시고 네 구제를 기억하셨으니 사람을 욥바에 보내어 베드로라 하는
시몬을 청하라 그가 바닷가 무두장이 시몬의 집에 유숙하느니라 하시기로 내가
곧 당신에게 사람을 보내었는데 오셨으니 잘하였나이다 이제 우리는 주께서
당신에게 명하신 모든 것을 듣고자 하여 다 하나님 앞에 있나이다 베드로가
입을 열어 말하되 내가 참으로 하나님은 사람의 외모를 보지 아니하시고 각
나라 중 하나님을 경외하며 의를 행하는 사람은 다 받으시는 줄 깨달았도다

베드로가 기도하고 있었어요. 그런데 하나님께서 신기한 환상을 보여주셨어요. 보자기 속에 징그러운 짐승과 새들이 담겨 있었어요. 하나님께서 말씀하셨어요. "베드로야, 보자기 속에 담겨 있는 짐승들을 잡아먹어라!" 베드로는 깜짝 놀랐어요. 왜냐하면 이스라엘 사람들은 원래 짐승을 더러운 것이라고 여기고 절대 먹지 않거든요. "하나님. 안돼요! 전 먹지 않을래요!" "베드로야. 이것들은 더럽지 않아. 모두 나 하나님께서 만드신 것이지 않니? 괜찮단다. 지금 너희 집에 손님이 왔는데, 그 사람들을 따라가라. 알겠지?" 베드로는 환상에서 깨었어요. '이 환상은 뭐지? 무슨 뜻일까?'

그때였어요. 정말로 베드로의 집에 손님들이 찾아왔어요. "베드로 선생님, 저희들은 로마의 고넬료 장군의 심부름 온 사람입니다. 베드로 선생님을 모셔가려고 왔습니다." 베드로는 어리둥절했지만 하나님께서 환상을 통해 말씀하신 대로 그 사람들을 따라갔어요. 정말 무슨 일일까요? 그리고 고넬료는 누구일까요? "아이고! 베드로 선생님, 잘 오셨습니다!" 고넬료는 베드로를 보고는 반갑게 환영하며 무릎을 꿇고 절을 했어요. "베드로 선생님, 와 주셔서 감사합니다. 사실은 기도를 드리다가 신기한 환상을 봤습니다. 하나님의 천사가 나타나서 욥바에 살고 있는 베드로 선생님을 모셔오라고 말했습니다."

"아하! 아마도 하나님께서 당신에게 예수님의 복음을 전하라고 저를 부르셨나 봅니다." 원래 베드로가 살던 그때에는, 이스라엘 사람들은 하나님을 모르는 다른 나라 사람들과 어울리거나 사귀면 안됐어요. 이스라엘 사람들은 하나님을 모르는 다른 나라 사람들을 무시하고 욕했어요. 그리고 같이 친구가 되지도 않았어요.

하지만 베드로는 하나님의 말씀을 따라 다른 나라 사람인 고넬료를 만났어요. 직접 고넬료의 집에 찾아갔어요. 그리고 고넬료에게 예수님에 대해서 친절하게 가르쳐 주었어요. 복음을 들려주었어요. 고넬료는 복음을 듣고 성령을 받았어요. 방언을 말했어요. 그리고 하나님을 찬양했어요. 베드로는 성령을 받은 고넬료에게 예수님의 이름으로 세례를 베풀었어요.

우리 주위에도 고넬료처럼 예수님을 모르는 친구들이 있어요. 누가 있을까요?(대답을 듣고) 예수님을 모르는 유치원 친구들, 예수님을 모르는 할아버지와 할머니, 예수님을 모르는 선생님이 있어요. 어떻게 해야 할까요?(대답을 듣고) 맞아요. 우리 친구들이 예수님에 대해 알려주어야 해요.

혹시 "난 예수님을 모르는 친구하고는 안 놀아!"라고 말하는 친구들이 있나요? 하지만 이스라엘 나라 사람들은 하나님을 모르는 다른 나라 사람들을 싫어하고 그들이랑 어울리지 않았을 때, 하나님께서는 베드로 선생님에게 고넬료에게 가서 예수님의 복음을 전하라고 말씀하셨어요. 베드로 선생님은 고넬료의 집으로 직접 가서 친절하게 복음을 들려주었고요. 세례도 베풀었어요. 고넬료는 베드로 선생님을 통해 예수님을 알고 성령을 받았어요. 하나님께서는 교회에 다니는 친구도, 다니지 않는 친구도 모두 사랑하세요. 그리고 모두 교회에 나와서 예배드리기 원하세요.

사랑하는 유아교회 친구들, 베드로 선생님이 고넬료에게 복음을 친절하게 들려준 것처럼, 여러분도 예수님을 모르는 친구들에게 복음을 들려주세요. 예수님을 모르고 교회에 다니지 않는 친구들에게 찾아가세요. 그리고 그 친구들에게 복음을 들려주세요. 예수님에 대해 말해주세요. 그럼 그 친구들이 예수님을 믿고 교회로 올 거예요.

하나님께서 늘 교회 문을 활짝 열고 기다리고 계세요!

결단의 기도

온 세상 사람들을 사랑하시는 하나님, 감사합니다. 하나님, 저는 예수님을 알리고 싶어요. 예수님을 모르는 친구, 선생님, 이웃, 가족에게 예수님에 대해 말하고 싶어요. 베드로 선생님이 고넬료에게 예수님을 알려준 것처럼 저도 예수님을 알리게 해주세요. 그래서 모두가 예수님을 믿고 세례 받고 성령 받게 해 주세요. 예수님의 이름으로 기도 드립니다. 아멘.

● 참고말씀: 사도행전 10장 1~48절

MEMO

놀라운 변화가 일어나요

말씀 : 다니엘 3장 26~30절

느부갓네살이 맹렬히 타는 풀무불 아귀 가까이 가서 불러 이르되 지극히 높으신
하나님의 종 사드락, 메삭, 아벳느고야 나와서 이리로 오라 하매 사드락과
메삭과 아벳느고가 불 가운데에서 나온지라 총독과 지사와 행정관과 왕의
모사들이 모여 이 사람들을 본즉 불이 능히 그들의 몸을 해하지 못하였고
머리털도 그을리지 아니하였고 겉옷 빛도 변하지 아니하였고 불 탄 냄새도
없었더라 느부갓네살이 말하여 이르되 사드락과 메삭과 아벳느고의 하나님을
찬송할지로다 그가 그의 천사를 보내사 자기를 의뢰하고 그들의 몸을 바쳐
왕의 명령을 거역하고 그 하나님밖에는 다른 신을 섬기지 아니하며 그에게
절하지 아니한 종들을 구원하셨도다 그러므로 내가 이제 조서를 내리노니
각 백성과 각 나라와 각 언어를 말하는 자가 모두 사드락과 메삭과 아벳느고의
하나님께 경솔히 말하거든 그 몸을 쪼개고 그 집을 거름터로 삼을지니
이는 이같이 사람을 구원할 다른 신이 없음이니라 하더라 왕이 드디어
사드락과 메삭과 아벳느고를 바벨론 지방에서 더욱 높이니라

사드락, 메삭, 아벳느고, 이 세 명의 친구들은 하나님을 믿지 않는 바벨론 나라에서 살았어요. 왜냐하면 힘 센 바벨론 나라가 약한 이스라엘 나라 사람들을 포로로 데려갔기 때문이에요.

그런데 어느 날, 바벨론의 왕 느부갓네살 왕이 명령을 내렸어요. "오늘부터 모두 금으로 만든 이 큰 신상에 고개 숙여 절하여라! 만약 절하지 않으면 뜨거운 불 속에 던질 것이다!" 사람들은 왕의 말씀을 따라서 아주 크고 반짝반짝한 금 신상에 절했어요. 금 신상을 보면 반드시 고개를 숙이고 엎드려 절을 했어요.

어~, 사드락, 메삭, 아벳느고는 어떻게 했을까요?(절하지 않았어요.) 그래요. 세 친구들은 왕의 말을 듣지 않았어요. 대신 하나님의 말씀을 지켰어요. "하나님께서는 오직 하나님께만 절하라고 말씀하셨어. 다른 우상에게 절하면 안 된다고 말씀하셨어. 우리, 하나님의 말씀을 지키자. 금 신상에 절하지 말자!"

세 친구들은 하나님의 말씀대로 금 신상에 절하지 않았어요. "왕이시여! 사드락, 메삭, 아벳느고가 금 신상에 절하지 않았습니다. 왕의 말씀을 지키지 않았어요! 벌을 주셔야 합니다!" 왕은 화가 났어요. "사드락, 메삭, 아벳느고를 아주 뜨거운 불 속에 던져버려라!" 신하들은 세 친구를 밧줄로 꽁꽁 묶어서 뜨거운 불 속에 던졌어요! "하나, 둘, 셋! 에잇, 던지자!"

어떻게 되었을까요?(대답을 듣고) 친구들, 정말 이상한 일이 일어났어요. 불이 얼마나 뜨거웠는지 세 친구들을 불 속에 던지려고 가까이 갔던 신하들이 불에 타 죽었어요. 그렇다면 불 속에 던져진 세 친구들은 당연히 불에 활활 타 죽었겠죠? 너무너무 뜨거워서 괴로워하며 죽었을 거예요. 정말 무서워요.

앗! 그런데 정말 놀라운 일이 벌어졌어요. 분명 세 명의 친구들이 불 속에 들어갔는데, 불 속에 네 명이 있는 거예요. 무슨 일일까요? 바로 하나님의 천사가 불 속에서 세 명의 친구들을 지켜주고 있었어요. 이 모습을 본 느부갓네살 왕과 신하들은 깜짝 놀랐어요. 그래서 큰 소리로 외쳤어요. "사드락! 메삭! 아벳느고야! 너희들 살아 있니? 이리 나오거라!"

놀랍게도 세 사람은 아무렇지도 않게 불 속에서 걸어 나왔어요. 옷과 몸이 전혀 불에 타지도 않았어요. "하나님을 믿지 않던 왕의 마음이 변했어요. 하나님께서 너희들을 지켜주셨구나. 하나님은 정말 위대하신 분이다!" 하나님께서는 이렇게 하나님의 말씀을 지킨 세 친구들을 구해주셨어요.

우리 친구들도 하나님의 말씀을 지키기 위해 노력해야 해요. 지금은 사드락, 메삭, 아벳느고처럼 말씀을 지키기 위해 목숨까지 걸어야 할 일이 없지만, 그래도 우리 친구들도 하나님의 말씀을 지킬까 말까 고민할 때가 있어요.

와장창!! "큰일 났다! 엄마가 집에서 공 차지 말라고 하셨는데…. 내가 안 그랬다고 해야지." 어~ 혼나지 않으려고 거짓말하면 될까요? 정직하게 행하라는 하나님 말씀을 지켜야하는 데, 어떻게 해야 할까요?(그냥 말해요.) 말씀을 지키느라 정직하게 말하면 꾸중을 들을 수도 있어요. 하지만 하나님께서 말씀을 지킨 우리 친구들에게 복주세요. 사드락, 메삭, 아벳느고도 말씀을 지켰기 때문에 하나님께서 보호해 주셨어요. 하나님을 믿지 않던 왕의 마음도 하나님을 섬기는 마음으로 변했어요.

친구들, 하나님의 말씀을 지키세요!
우리 친구들도 결!심!하고 말씀을 지키면 변화가 일어나요! 하나님께서 축복하세요. '나

는 말씀을 지킬 테야!'라고 결심한 친구들만 "결심!" 하고 외쳐보세요.(결심!) 친구들 모두
변화의 주인공이 되기를 축복해요.

결단의 기도

우리를 축복하시는 하나님, 감사합니다. 어떤 위험한 상황 속에서도 하나님의 말씀을 지키는 우리들이 되게 해
주세요. 또 사드락, 메삭, 아벳느고가 함께 말씀을 지킨 것처럼 우리도 함께 말씀을 지키는 좋은 친구들이 되게
해 주세요. 말씀을 지켜서 놀라운 변화를 경험하게 해 주세요. 예수님의 이름으로 기도 드립니다. 아멘.

● 참고말씀: 다니엘 3장 1~25절

MEMO

한마음으로 살아요

말씀 : 전도서 4장 9~12절

두 사람이 한 사람보다 나음은 그들이 수고함으로 좋은 상을 얻을 것임이라
혹시 그들이 넘어지면 하나가 그 동무를 붙들어 일으키려니와 홀로 있어
넘어지고 붙들어 일으킬 자가 없는 자에게는 화가 있으리라 또 두 사람이 함께
누우면 따뜻하거니와 한 사람이면 어찌 따뜻하랴 한 사람이면 패하겠거니와
두 사람이면 맞설 수 있나니 세 겹 줄은 쉽게 끊어지지 아니하느니라

"형님! 예루살렘 성전을 다시 짓는 일이 중지된 후에, 사람들이 고통과 절망 속에 어쩔 줄 모르고 있어요. 예루살렘 성벽은 무너져 있고, 성문은 불에 타서 예전의 예루살렘 성전의 모습을 되찾기가 어렵습니다. 이를 어쩌죠?"

느헤미야는 자신의 고향인 예루살렘 소식을 듣고 털썩 주저앉아 울고 말았어요. 하지만 느헤미야는 하나님을 의지하는 사람이었습니다.

"하나님! 이스라엘을 용서해 주세요! 이스라엘이 다시 힘을 내게 해 주세요! 하나님의 성전, 예루살렘 성전을 다시 세우게 해 주세요! 제가 세우게 해 주세요!"

느헤미야는 금식하며 간절히 기도했어요. 하지만 페르시아 왕의 신하인 느헤미야가 고향 이스라엘로 돌아가려면 왕이 허락을 해 주어야만 했어요. 친구들, 하나님께서 느헤미야의 기도를 들어주셨을까요?(네) 맞아요. 하나님께서 느헤미야의 기도를 들어주셨어요. 그래서 느헤미야가 고향으로 돌아가 성전을 지어도 좋다고 왕이 허락해 주었어요. 또 성전을 지을 수 있는 멋진 재료들도 주었어요.

"어서 모이세요. 예루살렘 성벽을 새롭게 지어야 해요! 하나님께서 이 일을 기다리셔요."

느헤미야의 말을 듣고 사람들이 성전을 짓는 데 하나둘 모였어요. 사람들은 서로 하는 일도 다르고, 생각도 달랐지만 이제는 하나님의 성전을 짓는데 부름 받은 한 백성임을 깨달았어요.

"영차영차, 여기 벽돌이 갑니다. 비키세요." "여기요, 여기! 성문은 제가 가지고 갑니다!"

"자물쇠는 제가 만들게요." "벽돌을 다 옮겼는데…. 제가 더 도울 일은 없나요?" 백성들은 서로서로 도와주며 성전을 지었어요. 자기가 맡은 일이 끝나면 얼른 다른 사람의 일을 도왔어요. "자, 여기 물과 과일을 가져왔어요. 맛있게 먹고 힘내세요." 엄마들도 일을 하는 어른들을 도왔어요. 모두 함께 성벽을 지어나갔어요.

하지만 성벽 공사는 쉽지 않았어요. "세상에, 저것 좀 보게나. 전문가도 아니면서 성전을 짓다니. 아마 금방 무너져 버릴 거야." "아니, 내가 장담하는데 짓지도 못할 걸!" 방해꾼들은 성이 쉽게 무너질 것이라고 말했어요. 또 백성들이 성을 짓는 것을 무시하고 놀렸지요.

하지만 가만히 있을 느헤미야가 아니죠! 그때마다 느헤미야는 하나님께 기도했어요. 백성들을 위로하며 격려했어요. 백성들은 하나님 안에서 하나가 되었어요.

"와! 드디어 해냈어요. 하나님, 감사합니다!" "모두 수고했어요. 52일 만에 성전을 세웠어요!" 느헤미야와 백성들은 자기들을 한마음으로 이끄신 하나님께 감사했어요.

친구들, 꼭 해야 할 일인데 혼자서는 할 수 없는 일이 있지요? 뭐가 있을까요?(대답을 듣고) 그래요. 우리 유아교회실을 청소하는 일은 혼자서는 어려워요. 또 우리 모두가 먹을 간식을 옮기는 일도 혼자서는 어려워요. 또 우리 친구들이 좋아하는 축구도 혼자서는 할 수 없지요. 그러면 어떻게 해야 할까요?(모두 함께해요.) 그래요. 우리 친구들 모두가 함께하면 다 할 수 있어요. 모두가 '우리 같이 하자'라는 마음을 가지면 돼요.

느헤미야가 성전을 짓기 전 가장 먼저 한 일도 바로 백성들의 마음을 한마음으로 만드는 일이었어요. 전도사님이 읽는 말씀을 잘 들어보세요.

"한 사람이면 패하겠거니와 두 사람이면 맞설 수 있나니 세 겹 줄은 쉽게 끊어지지 아니하느니라." 전도서 4장 12절 말씀이에요. 두 사람이 한마음이 되면 한 사람이 못하는 것을 할 수 있어요. 또 세 사람이 한마음이 되면 더 큰 일도 할 수 있답니다.

우리는 서로 생김새가 달라요. 좋아하는 것도 달라요. 하지만 우리는 모두 하나님을 사랑하고 하나님께 사랑받는 자녀들이에요. 그래서 어떤 어려운 일이 있어도 우리 모두가 하나라는 생각을 가지면, 오늘 느헤미야와 백성들처럼 어려운 일을 이겨낼 수 있어요. 할 수 있을까요?(네) 자신 있나요?(네) 그럼 우리 모두 한마음이 되길 약속해요. 전도사님이 '유아교회'를 외치면 우리 친구들은 '한마음'이라고 외치는 거예요. 자, "유아교회!"("한마음!")

서로 함께 도우며, 한마음으로 살아가는 유아교회 친구들이 되기를 기도해요.

결단의 기도

하나님, 감사합니다. 한마음이 되어 예루살렘 성전을 52일 만에 지은 느헤미야와 이스라엘 사람들처럼 우리도 한마음이 되게 해주세요. 그래서 하나님께서 기뻐하시는 일을 하게 해 주세요. 우리를 놀리고 방해하는 사람들이 있어도 꼭 한마음으로 뭉치는 유아교회가 되게 해주세요. 예수님의 이름으로 기도 드립니다. 아멘.

● 참고말씀: 느헤미야 1~6장

MEMO

아름다운 마음들이 모였어요

말씀 : 사도행전 2장 43~47절

사람마다 두려워하는데 사도들로 말미암아 기사와 표적이 많이 나타나니
믿는 사람이 다 함께 있어 모든 물건을 서로 통용하고 또 재산과 소유를
팔아 각 사람의 필요를 따라 나눠 주며 날마다 마음을 같이하여
성전에 모이기를 힘쓰고 집에서 떡을 떼며 기쁨과 순전한 마음으로
음식을 먹고 하나님을 찬미하며 또 온 백성에게 칭송을 받으니
주께서 구원 받는 사람을 날마다 더하게 하시니라

이곳은 어디일까요?(대답을 듣고) 이곳은 첫 번째 교회예요.

첫 번째 교회는 부활하신 예수님께서 하늘로 올라가신 말씀을 잘 듣고 사람들이 한곳에 모여 기도하고 성령 받아 첫 번째로 세워진 교회예요.

이 첫 번째 교회에 다니는 사람들의 특징이 있었어요. 바로, 함께 나누며 살았다는 점이에요. 따라 해 보세요. "함께 나누어요."("함께 나누어요.") 첫 번째 교회 사람들은 욕심 부리지 않았어요. '나만 많이 가져야지!' '나만 잘 살아야지!' 하지 않았어요. 옷이 두 벌 있으면 한 벌은 가난해서 옷이 없는 사람에게 나누어 주고, 먹을 것이 있으면 이웃들과 함께 나누어 먹었어요. 또 자기가 가진 것을 필요한 사람들에게 나누어 주었어요. 땅이나 집 같이 자신에게 소중한 것을 팔아서 그 돈으로 어려운 사람을 도와주며 살았어요.

"교회에 다니는 사람들은 참 착하군." "예수님을 따르는 사람들이라더니 역시 달라!" 예수님을 믿지 않는 동네 사람들이 칭찬했어요. 그리고 교회로 몰려왔어요.

또 한 가지 특징은 용감하게 말씀을 전했다는 점이에요. "회개하고 예수님을 믿으십시오." "예수님께서 우리를 구원하시기 위해 죽으셨습니다." 얼마 전까지만 해도 무서워서 벌벌 떨던 제자들이 예수님을 담대하게 전하고 있어요. 집 밖으로 나오지 않았던 제자들이 마을 곳곳을 다니며 하나님 나라의 복음을 전하고 있어요. 제자들은 모두 어디를 가든지, 사람들이 좋아하든 싫어하든 예수님을 믿어야 구원을 받을 수 있다고 전했어요.

많은 사람들이 제자들의 전도를 받아 예수님을 믿고 하나님의 자녀가 되었어요. 많은 사람들이 제자들과 함께 예수님을 따라 살아갔어요.

사랑하는 유아교회 친구들, 우리 유아교회는 어떤 특징이 있을까요?(대답을 듣고) 아, 우리 유아교회 친구들은 기도도 잘하고, 찬양도 잘하고, 간식도 잘 나눠 먹는군요. 우리 유아교회 친구들도 예수님을 따라 서로 사랑하는군요. 우리 친구들도 첫 번째 교회처럼 잘 나눠 주는군요!

유아교회 친구들, 첫 번째 교회가 기쁨으로 서로를 섬기고 함께 사랑을 나누었던 것처럼, 용기 있게 복음을 전했던 것처럼, 우리 친구들도 서로 사랑을 나누고 기도하고 예배하는 유아교회가 되어야 해요. 우리 친구들의 모습을 보시고 하나님께서 참 기뻐하실 거예요.

"전도사님, 우리 유아교회도 첫 번째 교회처럼 되고 싶어요." 하는 친구들은 모두 손허리 하세요. 전도사님과 함께 찬양하며 율동해 볼까요?

아름다운 마음들이 모여서

아름다운 마음들이 모여서 주의 은혜 나누며
예수님을 따라 사랑해야지 우리 서로 사랑해
하나님이 가르쳐준 한가지 내 이웃을 내 몸과 같이
미움 다툼 시기 질투 버리고 우리 모두 사랑해

유아교회 친구들, 아름다운 마음들이 모여서 하나님의 은혜를 나누는 곳이 어디일까요?(대답을 듣고) 그래요. 바로 이곳 유아교회지요. 예수님을 따라 사랑하는 사람들이 모인 곳이 어디일까요?(대답을 듣고) 맞아요. 바로 여기 유아교회지요..

"예수님을 따라 사랑하는 유아교회가 되겠어요." 하는 친구들은 전도사님이 '예수님을 따라 사랑하는' 하면 '유아교회'라고 크게 외쳐보아요. 자, "예수님을 따라 사랑하는"("유아교회!") "내 이웃을 내 몸과 같이 사랑하는"("유아교회!")

아름다운 마음을 가지고 예수님을 따라 사랑하는 유아교회, 그래서 모든 사람들에게 칭찬받고, 예수님을 믿는 친구들이 날마다 늘어가는 OO유아교회가 되길 소망해요.

결단의 기도

교회를 기뻐하시는 하나님, 감사합니다. 우리에게 교회를 선물해 주셔서 감사해요. 우리 모두 교회에서 예배하고 기도하게 해 주셔서 감사해요. 또 서로 사랑하고 나누게 해 주셔서 감사해요. 우리 유아교회가 첫 번째 교회처럼 나누고 전도하는 교회가 되게 해 주세요. 예수님의 이름으로 기도 드립니다. 아멘.

● 참고말씀: 사도행전 6장 3절

MEMO

십자가를 준비해요

말씀 : 마태복음 21장 6~11절

제자들이 가서 예수께서 명하신 대로 하여 나귀와 나귀 새끼를 끌고 와서
자기들의 겉옷을 그 위에 얹으매 예수께서 그 위에 타시니 무리의 대다수는
그들의 겉옷을 길에 펴고 다른 이들은 나뭇가지를 베어 길에 펴고 앞에서
가고 뒤에서 따르는 무리가 소리 높여 이르되 호산나 다윗의 자손이여
찬송하리로다 주의 이름으로 오시는 이여 가장 높은 곳에서 호산나 하더라
예수께서 예루살렘에 들어가시니 온 성이 소동하여 이르되 이는 누구냐 하거늘
무리가 이르되 갈릴리 나사렛에서 나온 선지자 예수라 하니라

"호산나, 예수님 우리들을 구원해 주세요! 다윗의 아들 예수님, 하나님의 이름으로 오시는 분이여! 주님의 크신 능력으로 구원하소서!"

예수님께서 예루살렘 동네에 들어가시자, 사람들이 예수님 앞에 모여들기 시작했어요. 그리고 엄청나게 큰 소리로 소리 지르기 시작했어요.

예수님을 처음 본 사람들도 있었어요. 하지만 사람들은 죽은 자를 살리시고, 병든 자를 치료해 주시고, 죄에서 구원하시는 왕, 예수님의 참 모습을 알고 믿었어요. 왕이신 예수님을 위해서 사람들은 예수님이 가시는 길에 자신의 윗옷으로 옷 길을 만들어 드렸어요. 아이들은 종려나무가지를 꺾어 흔들며 호산나를 불렀어요. 이렇게 예수님을 만난 사람들은 예수님을 구세주로 믿고 예수님을 환영하며 소리쳤어요. 다들 정말 행복했어요.

하지만 예수님께서는 알고 계셨어요. 며칠이 지나면 우리를 위해 십자가에 달리셔야 한다는 것을요. 그 사실을 미리 알고 계셨던 예수님의 마음은 얼마나 슬프고 아프셨을까요?

예수님께서 무거운 십자가를 지고 가실 때 너무 힘들어서 더 이상 움직이지 못하자 로마 병정들이 가죽 채찍으로 예수님의 등을 때렸어요. 피가 났어요. 살이 찢겼어요. 너무 아팠어요. 하지만 우리를 정말 사랑하셨기 때문에 피하지 않으셨어요.

쾅! 쾅! 쾅!

군인들이 큰 망치로 못을 박고 있어요. 그런데 못을 어디에 박고 있나요? 바로 십자가,

예수님이 달리신 십자가에 못을 박고 있어요. 예수님의 양 손과 발에 쾅쾅쾅 못을 박았어요. 예수님의 몸에서 빨간 피가 흘렀어요. 결국 예수님께서 죽으셨어요.

예수님께서는 왜 십자가에 못 박혀 죽으셨을까요? 십자가에 못 박히는 것은 아주 무서운 죄를 지은 사람들이나 받는 벌이었어요. 예수님께서 죄를 지어서 십자가에 못 박히셨나요? 아니에요. 예수님은 죄 짓지 않으셨어요. 우리가 죄를 지었는데, 예수님께서 우리 대신 십자가의 벌을 받아주신 거예요. 우리를 사랑하셔서 우리의 죄를 용서해 주시려고 십자가에서 죽으셨어요. 어떡해요. 사랑하는 예수님께서 죽으셨어요. 예수님께서 굵은 못에 손이 박힌 채 십자가에 달려 돌아가셨어요.

이 세상에 친구를 위해서 대신 죽을 수 사람이 몇 명이나 될까요? OO(이)는 옆에 있는 OO(이) 대신에 죽으라고 하면 죽을 수 있나요?(유아의 대답을 듣는다.) 네~ 아마 아무리 사랑하는 사람이라고 해도 그 사람을 위해서 자기 목숨을 내어 놓을 수 있는 사람은 없을 것 같아요.

그런데 전도사님과 친구들, 우리 모두를 위해 죽은 한 사람이 있어요. 누구일까요?(유아의 대답을 듣는다.) 그래요~ 예수님이에요. 우리를 향한 하나님의 사랑이 참 크고 멋지죠! 전도사님은 예수님이랑 하나님께 진짜 진짜 감사한데, 우리 친구들도 그렇지요? 우리 친구들이 항상 예수님의 사랑을 잊지 않길 바라요.

오늘은 종려주일이에요. 또 오늘부터 시작되는 한 주간은 고난주간이에요. 예수님께서는 십자가에 달려 돌아가시기까지 고난 당하셨어요.

고난주간 동안 우리는 다른 날과는 달라야 돼요. 우리 친구들, 우리 때문에 고난 당하신 예수님을 기억하세요. 다음 주에 우리 다시 만날 때까지, 일주일 동안 예수님 생각하며 지내기로 해요. 싸우지도 않고 울지도 않고~ 하나님 말씀 보고 기도하며 지내기로 해요. 약속~ 예수님이 우리를 위해 십자가를 지신 것을 생각하면서 죄송하고 감사하는 마음으로 기도해요.

결단의 기도

　　하나님, 우리를 위해 독생자 예수님을 보내 주실 만큼 우리를 사랑해 주셔서 감사해요. 우리 대신 십자가를 지신 예수님, 정말 감사드려요. 하나님께서 우리를 얼마나 사랑하시는지 알게 해 주셔서 감사드려요. 우리도 하나님을 사랑해요. 더욱더 하나님을 많이 사랑하길 원해요. 예수님의 이름으로 기도 드립니다. 아멘.

● 참고말씀: 마태복음 27장 27~31절

MEMO

나는 부활을 증언해요!

말씀 : 누가복음 24장 1~9절

안식 후 첫날 새벽에 이 여자들이 그 준비한 향품을 가지고 무덤에 가서 돌이
무덤에서 굴려 옮겨진 것을 보고 들어가니 주 예수의 시체가 보이지 아니하더라
이로 인하여 근심할 때에 문득 찬란한 옷을 입은 두 사람이 곁에 섰는지라 여자들이
두려워 얼굴을 땅에 대니 두 사람이 이르되 어찌하여 살아 있는 자를 죽은 자
가운데서 찾느냐 여기 계시지 않고 살아나셨느니라 갈릴리에 계실 때에 너희에게
어떻게 말씀하셨는지를 기억하라 이르시기를 인자가 죄인의 손에 넘겨져 십자가에
못 박히고 제삼일에 다시 살아나야 하리라 하셨느니라 한대 그들이 예수의 말씀을
기억하고 무덤에서 돌아가 이 모든 것을 열한 사도와 다른 모든 이에게 알리니

죽은 예수님의 시체가 깜깜한 돌무덤에 묻혔어요. 사람들은 슬퍼했어요.

"흑흑흑. 예수님께서 죽으셨어. 이제 다시는 예수님을 만날 수 없어. 흑흑흑."

하루, 이틀, 삼일이 지났어요. 예수님의 죽음을 슬퍼했던 마리아와 여인들이 예수님의
무덤에 찾아갔어요.

"예수님의 몸에 좋은 향기가 나는 향품을 발라드리자."

그런데 큰일이 생겼어요. 돌무덤의 문이 열려 있었어요. 마리아와 여인들은 깜짝 놀라
무덤 안에 들어갔어요.

"예수님의 시체가 없어졌어! 누가 예수님의 시체를 훔쳐갔나봐!"

그때였어요. 반짝반짝 빛이 나는 옷을 입은 두 명의 사람이 나타났어요. 바로 하나님의
천사였어요.

"예수님께서는 여기 계시지 않아. 예수님께서 살아나셨단다."

마리아와 여인들은 깜짝 놀랐어요. 그리고 뛸 듯이 기뻤어요. "예수님께서 살아나셨다!"

마리아와 여인들은 마을로 가서 사람들에게 말했어요.

"예수님께서 살아나셨어요! 십자가에서 죽었던 예수님께서 살아나셨어요!"

많은 사람들이 이 소식을 듣고 깜짝 놀랐어요.

"정말? 죽은 예수님께서 다시 살아나셨다고? 와~!"

그래요. 예수님께서는 정말 죽었다가 다시 살아나셨어요. 그래서 우리의 죄를 용서하시고 구원해 주셨어요.

(꽃 사진을 보여 주며) 친구들, 꽃병에 예쁜 꽃이 있어요! 정말 예뻐서 항상 집에 두고 오래오래 보고 싶어요. 그런데 그럴 수가 없어요. 왜냐하면 며칠만 지나면 꽃잎이 시들어서 말라 죽고 말거든요.

(강아지 사진을 보여 주며) 정말 귀여운 강아지예요! 이 귀여운 강아지랑 평생 살고 싶어요. 그런데 아쉽게도 그럴 수가 없어요. 왜냐하면 건강한 강아지라도 시간이 지나면 늙고 병들어서 죽고 말거든요.

(사람들 사진을 보여 주며) 사람들이에요. 우리의 친구, 가족들이에요. 그런데 사랑하는 가족, 친구들과 평생 살고 싶지만 그럴 수 없어요. 사람도 늙고 병들면 죽어요. 우리도 시간이 지나면 할아버지 할머니가 되고 언젠가는 죽어요. 그리고 다시는 만날 수 없어요.

이 세상에 그 누구도 죽었다가 다시 살아난 사람은 없어요. 오직 예수님뿐이에요. 이 세상에 그 누구도 우리의 죄를 용서하고 구원해 준 사람은 없어요. 오직 예수님뿐이에요. 이런 예수님을 믿으세요. 부활하신 예수님을 믿으세요. 예수님을 믿어야 우리의 죄를 용서받을 수 있어요. 구원 받을 수 있어요.

사랑하는 유아교회 친구들! 예수님께서 우리를 위해 십자가에서 죽으셨어요. 하지만 다시 살아나셨어요. 그래서 우리의 죄를 용서해 주시고 구원해 주셨어요.

이 세상 모든 사람들은 죽어요. 하지만 예수님을 믿는 사람은 죽는 것을 무서워 할 필요가 없어요. 왜냐하면 예수님을 믿으면 우리의 죄를 용서받고 구원 받을 수 있으니까요. 무엇보다 예수님의 부활을 믿는 사람은 그 사람에게도 부활이 있답니다.

다 함께 큰 소리로 부활을 증언해요. "예수님의 부활이 내 부활이에요!" "예수님 때문에 나도 부활해요!" 다시 살아나신 예수님을 믿으세요.

결단의 기도

하나님, 감사합니다. 십자가에서 우리를 위해 죽으시고 다시 살아나신 예수님을 믿어요. 이 믿음을 허락하신 하나님, 감사해요. 하지만 아직도 예수님의 부활을 믿지 못하는 사람들이 있어요. 하나님, 우리가 예수님의 부활을 증언할래요. 우리를 부활의 증인으로 세워 주세요. 예수님의 이름으로 기도 드립니다. 아멘.

● 참고말씀: 요한복음 11장 25~26절

MEMO

없어도 감사해요

말씀 : 하박국 3장 16~18절

내가 들었으므로 내 창자가 흔들렸고 그 목소리로 말미암아 내 입술이 떨렸도다
무리가 우리를 치러 올라오는 환난 날을 내가 기다리므로 썩이는 것이 내 뼈에
들어왔으며 내 몸은 내 처소에서 떨리는도다 비록 무화과나무가 무성하지
못하며 포도나무에 열매가 없으며 감람나무에 소출이 없으며 밭에 먹을 것이
없으며 우리에 양이 없으며 외양간에 소가 없을지라도 나는 여호와로
말미암아 즐거워하며 나의 구원의 하나님으로 말미암아 기뻐하리로다

"큰일이에요, 큰일! 이제 곧 바벨론이 쳐들어온대요." 하박국 선지자는 바벨론이라는 힘 센 나라가 곧 자신의 나라를 공격할 거라는 소문을 듣게 되었어요. 하박국 선지자가 살던 유대나라는 바벨론과 싸워서 이길만한 힘을 가지고 있지 못했어요. 하박국 선지자는 바벨론이 쳐들어 올 것이라는 소식을 듣고 '창자가 흔들리고 입술이 떨리며 뼈가 썩는 것 같고 온몸이 떨릴 지경'이었어요.

친구들도 이런 경험을 한 적이 있나요? 너무 무서워서 입술이 덜덜덜 떨리고 온몸이 떨렸던 적이요. 집에 도둑이 들어와도 무서운데, 다른 나라가 공격할 거라고 하니 엄청 무서웠을 거예요.

그런데 하박국 선지자는 "하나님, 살려주세요! 하나님, 무서워요!"라고 기도하지 않았어요. "어휴, 전쟁이 일어나면 어떡하지? 우린 틀림없이 망하고 말거야." 하고 절망하고 걱정하지도 않았어요.

하박국 선지자는 나라가 망할지도 모르는 무서운 상황 가운데서 오히려 하나님께 감사의 고백을 드렸어요.

"하나님, 무화과나무에 무화과가 없고, 포도나무에 포도가 없고,

올리브 나무에 거둘 것이 없고,

밭에 거둘 곡식이 없으며, 우리에 양이 없고, 외양간에 소가 없더라도

나는 여호와 때문에 기뻐하겠습니다.

나를 구원하시는 하나님을 즐거워하겠습니다.

주 여호와는 나의 힘이십니다.

내 발을 사슴의 발과 같게 해주셔서 가파른 산 위에서도 다닐 수 있게 하십니다."

우리는 좋은 일이 있을 때는 하나님께 감사하지만, 힘든 일이 생기면 감사 대신 불평하곤 해요. 하지만 하박국 선지자는 좋은 일, 힘든 일에 상관없이 오직 여호와 하나님 때문에 기뻐하겠다고 고백했어요. 우리나라에 전쟁이 일어날지라도 하나님께서 구원해 주실 것을 믿고, 하나님 때문에 즐거워하겠다고 고백했어요.

"하나님, 이것 해 주셔서 감사해요! 저것 해 주셔서 감사해요!"가 아니라, "하나님, 하나님 때문에 감사해요!"라고 고백했어요.

우리 친구들은 언제 하나님께 '감사'한가요? 부모님께 좋은 선물을 받았을 때, 아니면 선생님께 칭찬 받았을 때? 아니면 맛있는 음식을 먹을 때? (유아들의 이야기를 들어본다.) 아~ ○○(이)는 _____할 때 하나님께 감사하군요. 그래요~ 우리에게 기분 좋은 일이 일어나면 우리는 하나님께 감사드리곤 해요.

그렇다면 친구들, "하나님 한 분만으로 저는 충분해요!"라고 기도하는 하박국 선지자의 감사의 고백을 들으시고 하나님께서 어떤 마음이 드셨을까요? 그래요. 기분이 정~말 좋으셨을 것 같아요.

친구들~ 오늘은 무슨 주일이지요? 네, 추수감사주일이에요.

한 해 동안 우리를 지키시고 함께하신 하나님께 감사하는 주일이에요.

우리 친구들도 하나님 한 분만으로 감사할 수 있는 하박국과 같은 감사의 사람이 되면 좋겠어요. 기분이 좋을 때만 감사드리는 것이 아니라 힘들 때에도 "하나님, 그래도 감사합니다!"라고 고백하길 바라요. 항상, 모든 일에 하나님께 감사와 영광 돌리는 우리 유아교회 친구들이 되길 기도해요.

결단의 기도

감사 고백을 기뻐하시는 하나님, 감사합니다. 매일매일 우리를 지켜주신 하나님, 감사해요. 사랑하는 가족과 친구들을 주신 하나님, 감사해요. 무엇보다 우리에게 믿음을 주셔서 감사해요. 힘들고 어려울 때도, 하나님 그래도 감사해요. 날마다 우리 입에서 감사가 넘치게 해 주세요. 하나님, 하나님 한 분만으로 충분해요. 예수님의 이름으로 기도 드립니다. 아멘.

아기 예수님을 환영해요

말씀 : 누가복음 2장 1~12절

그때에 가이사 아구스도가 영을 내려 천하로 다 호적하라 하였으니 이 호적은
구레뇨가 수리아 총독이 되었을 때에 처음 한 것이라 모든 사람이 호적하러
각각 고향으로 돌아가매 요셉도 다윗의 집 족속이므로 갈릴리 나사렛 동네에서
유대를 향하여 베들레헴이라 하는 다윗의 동네로 그 약혼한 마리아와 함께
호적하러 올라가니 마리아가 이미 잉태하였더라 거기 있을 그때에 해산할
날이 차서 첫아들을 낳아 강보로 싸서 구유에 뉘었으니 이는 여관에 있을
곳이 없음이러라 그 지역에 목자들이 밤에 밖에서 자기 양 떼를 지키더니
주의 사자가 곁에 서고 주의 영광이 그들을 두루 비추매 크게 무서워하는지라
천사가 이르되 무서워하지 말라 보라 내가 온 백성에게 미칠 큰 기쁨의
좋은 소식을 너희에게 전하노라 오늘 다윗의 동네에 너희를 위하여 구주가
나셨으니 곧 그리스도 주시니라 너희가 가서 강보에 싸여 구유에 뉘어 있는
아기를 보리니 이것이 너희에게 표적이니라 하더니

　　어느 날, 천사가 마리아에게 나타났어요. 천사는 마리아에게 놀라운 소식을 전해줬어요.
"하나님께서 당신에게 큰 은혜를 주셨어요. 열 달 후에 당신은 하나님의 아들, 아기 예수님
을 낳을 거예요." 천사는 마리아와 결혼하기로 약속한 요셉에게도 나타났어요. 천사가 요
셉에게 말했어요. "마리아가 곧 아기를 낳을 거예요. 그 아기는 바로 예수님이세요. 예수
님은 우리를 죄에서 구원하실 분이세요." 마리아와 요셉은 천사의 이야기를 듣고 깜짝 놀
랐어요. 하지만 두 사람은 아기 예수님이 태어나시길 간절히 기다렸어요.

　　엄마 마리아의 배가 많이 불렀어요. 이제 곧 예수님이 태어나실 것 같아요. 그런데 큰일
이에요. 왕이 가족과 친척들이 살고 있는 고향 마을에 다녀오라는 명령을 내린 거예요. 요
셉과 마리아는 먼 곳, 베들레헴으로 떠나야 해요. 마리아는 곧 예수님이 태어나실 것 같아
힘들었지만 요셉과 함께 베들레헴으로 떠났어요. "아이고 힘들어! 배가 아파요. 요셉, 우
리 좀 쉬었다 가요!" "그래요, 마리아. 이제 저녁때가 다 되어가니 여관에서 자고 갑시다!"

　　요셉과 마리아는 여관을 찾아 문을 두드렸어요. '똑똑똑!' "하룻 밤 자고 갈 방이 있나요?
우리는 너무나 힘들고 지쳤어요!" 여관 주인이 문을 열고 나왔어요. "방이요? 방이 모두 꽉
찼어요. 빈 방이 없어요! 다른 곳에 가보세요!"

어쩌면 좋아요. 여러 곳을 다녔지만 여관마다 빈 방이 없었어요. "요셉! 배가 아파요! 아기 예수님이 나오려나 봐요!" 마리아는 곧 아기 예수님을 낳을 것 같았어요. 아기를 낳을 방이 필요해요! 그런데 아무도 방을 주지 않았어요.

요셉 아저씨가 드디어 방을 구했어요. 하지만 그곳은 방이 아닌 동물들이 지내는 마구간이었어요. 강아지, 말, 양들이 머무는 곳이었어요. 요셉 아저씨는 어쩔 수 없이 좁고 누추한 마구간에서 하룻밤 머물기로 했어요. 그리고 그날 밤, 한 아기가 태어났어요.

"똑똑똑, 여기 아기 예수님이 태어나셨나요?" 예수님의 탄생을 축하하러 축하 사절단이 왔나 봐요. 우와! 어두운 길을 달려 목자들이 왔어요. 양을 치던 목자들이 천사들이 전해준 기쁜 소식을 듣고 예수님을 만나러 왔어요. 오늘 태어나신 아기 예수님께서 우리를 구원해 주실 거라는 복된 소식을 듣고 먼 길을 달려 베들레헴 작은 마구간에 도착했어요.

"똑똑똑, 유대인의 왕이 태어났다고 하던데 여기가 맞나요?" 또 다른 축하 사절단이 왔네요. 먼 곳에서 별을 관찰하던 동방의 박사들이에요. 하나님께서 보내주신 큰 별을 따라 아기 예수님을 찾아온 동방박사님들이 오랫동안 준비해 온 귀한 선물을 아기 예수님께 드렸어요. "아기 예수님, 정말 감사합니다. 그리고 생일 축하해요."

유아교회 친구들! 오늘은 아기 예수님이 태어나신 생일이에요. 그런데 우리 친구들이 성탄절에 가장 기대하고 좋아하는 것은 무엇인가요?(대답을 듣고) 혹시 산타할아버지가 주는 선물 아닌가요? 친구들, 우리는 산타할아버지한테 받을 선물 때문에 성탄절을 기다리면 안돼요. 또 다른 친구들에게 자기가 받은 선물을 자랑하거나 으스대어서도 안돼요.

이번 성탄절에는 우리가 아기 예수님을 환영하기로 해요. 기쁜 마음으로 아기 예수님을 기다리며 예배드려요. 정성껏 예물과 선물을 준비해요. 할 수 있나요? 함께 외쳐요! "아기 예수님, 환영해요!"

아기 예수님은 우리를 사랑하셔서 우리를 구원하시려고 찾아오셨어요. 이번 성탄절에는 이렇게 좋은 예수님을 꼭 환영하기로 해요. 다가오는 성탄, 우리끼리 즐거운 날이 아니라 우리를 위해 오신 아기 예수님을 기대하고 기뻐하며 찬양하고, 또한 이 기쁜 소식을 친구들에게 전하는 날이 되길 소망해요. 우리 모두 아기 예수님 생일을 이렇게 전해요.

"메리 크리스마스! 우리를 위해 아기 예수님이 오셨어요!"

결단의 기도

　사랑의 하나님, 감사합니다. 오늘은 아기 예수님의 생일, 성탄절이에요. 우리에게 아기 예수님을 보내주셔서 감사해요. 우리 모두 아기 예수님을 환영해요. 또 우리를 위해 오신 아기 예수님을 다른 사람들에게도 전하는 기쁜 성탄절이 되게 해 주세요. 예수님의 이름으로 기도 드립니다. 아멘.

MEMO